Cigana Esmeralda

A sensibilidade feminina entre a dor,
o prazer, a fé e a caridade

2022

Cigana
Esmeralda

A sensibilidade feminina entre a dor, o prazer, a fé e a caridade

Adilson Marques

RiMa

2022

Marques, Adilson

M357c   Cigana Esmeralda: a sensibilidade feminina entre a dor, o prazer, a fé e a caridade / Adilson Marques. São Carlos: RiMa Editorial, 2022.

95 p.
ISBN - 978-65-996815-9-2

1. Umbanda. 2. linha dos ciganos. 3. cultura de paz. 4. animagogia. I. Autor. II. Título.

Rua Virgílio Pozzi, 213 – Jd Santa Paula
13564-040 – São Carlos, SP
Fone: (16) 98806-4652

Sumário

Dedico este livro a todos os Espíritos que me inspiraram e atuaram comigo durante os atendimentos com a Terapia Vibracional Integrativa (TVI), com a Apometria e também com a Regressão de Memória, entre 2001 e 2021. A grande maioria integra o que veio a ser chamada de Linha do Oriente na Umbanda, na qual participa também um Espírito que utiliza a forma simbólica de Cigana Esmeralda.

Prefácio

Este talvez tenha sido um dos livros mais difíceis de escrever, mas também um dos mais agradáveis. Quando concluí o livro sobre os boiadeiros, o terceiro desta coleção, achei que iria me "aposentar", que aquele seria o meu último livro.

Mas, no final de 2021, fui ao terreiro que frequento, na última gira do ano, e lá me comunicaram que outros livros seriam escritos. Alguns minutos depois, uma cigana que se identificava como Maria do Pandeiro, incorporada em uma das médiuns, se aproximou de mim e disse que eu estava lá para mais uma atividade, que logo ela seria revelada. Mas eu não imaginei que esse *logo* seria tão de pronto.

Eu estava de certa forma bem relaxado, tomando um ponche bem delicioso que foi preparado para a gira com os ciganos, quando ouvi nitidamente dentro da mente o nome "Esmeralda". Achei curioso, mas continuei contemplando o trabalho que acontecia no terreiro, quando uma das entidades que estava se comunicando pediu para a pessoa que estava "cambonando" colocar o nome daquele consulente embaixo da imagem da cigana Esmeralda.

Naquele momento, minha curiosidade foi aguçada. Aquela era a segunda gira de ciganos de que eu participava, e eu nem imaginava que existia uma cigana com esse nome. Confesso que desconhecia também o livro da Zibia Gasparetto sobre a cigana Esmeralda e as histórias que estão na internet sobre outra Esmeralda que viveu em Toledo, na Espanha, e que seria a chefe dessa falange de Espíritos que utilizam essa postura simbólica.

Nem imaginava, também, que o nome da cigana do romance *O corcunda de Notre Dame*, de Victor Hugo, imortalizada em filmes e em desenhos animados como o da Disney, também era esse. Eu me senti envergonhado por ignorar que Cigana Esmeralda era um nome tão popular. E eu só descobri isso quando fui me preparar para escrever este livro.

Voltando àquela gira, eu também não fazia ideia de que no Congá do terreiro tinha uma imagem dessa cigana. Aí tomei coragem para perguntar se a atividade que eu iria fazer estava ligada a ela. A resposta foi afirmativa, me disseram que a Cigana Esmeralda iria me intuir um livro sobre as encarnações dela.

Em pesquisa na internet, descobri que Cigana Esmeralda, ou Cigana Esmeralda do Oriente, identifica uma falange de Espíritos na Umbanda. Como acontece com as outras falanges, imaginei que, apesar de usarem o mesmo nome e realizarem trabalhos similares, são diferentes Espíritos, cada um com suas experiências encarnatórias. Assim, não haveria problema em ler sobre as outras ciganas, como a descrita pela Zibia e também a que nasceu em Toledo, que aliás é a cidade onde nasceu também meu avô paterno.

Dito e feito. O livro que comecei a "canalizar" era sobre um Espírito que atua como Cigana Esmeralda nos trabalhos mediúnicos e que possui uma história de vida singular, muito diferente tanto daquela que nasceu em Toledo, na Espanha, e cuja história é bem difundida em terreiros de Umbanda e na internet, como da Esmeralda retratada pela médium Zibia Gasparetto.

Antes mesmo de começar a escrever o livro, eu recebi intuições sobre como ele deveria ser estruturado e informações sobre vários assuntos relacionados ao conteúdo que seria abordado, aparentemente, ao acaso. Acredito que haja o dedo da espiritualidade, mas também teve a ajuda dos algoritmos dos aplicativos atuais, que vasculham a rede em busca de informações sobre algum assunto que comentamos ou escrevemos. E é óbvio que falei para algumas pessoas que meu próximo livro seria sobre a Cigana Esmeralda e também sobre o conteúdo básico do livro. Assim comecei a receber informações que tinham relação com o que eu iria escrever, material que fui lendo e sistematizando.

No dia 1 de janeiro de 2022, eu estava lendo o livro da Zibia Gasparetto quando tive uma intuição. Era para eu parar de ler e ir para o computador. Fiz isso e, em pouco tempo diante da tela, havia escrito dez páginas. Eu estava diante da estrutura do livro e dos principais fatos vividos pelo Espírito que usa a roupagem simbólica de Cigana Esmeralda. Seriam quatro encarnações abordadas no livro, mas nada que remetesse à cigana de Toledo, à da Zibia Gasparetto e até mesmo à do romance *O corcunda de Notre Dame*. Tratava-se de uma história original e bem complexa

A partir dessa base, entre os dias 1 e 15 de janeiro, eu escrevi o recheio, completando as lacunas. Muita coisa deve ser criação literária, ou seja, ficção criada por minha mente. Mas também pode ser "canalização", uma vez que vinham fatos que eu desconhecia e, ao pesquisar na internet, eu descobria que tinha realmente acontecido.

Enfim, 2022 começou com muita energia. Eu já havia escrito e publicado sete livros durante a pandemia e estava com dois prontos para serem publicados em 2022, justamente os volumes 2 e 3 desta coleção. Mas eu não imaginava que o livro sobre a Cigana Esmeralda fosse ser escrito de forma tão rápida.

Talvez porque, pela primeira vez, eu deixei fluir, sem permitir que o ego influenciasse tanto o processo criativo. Não julguei, não tentei racionalizar. Deixei as ideias fluírem da mente para a tela do computador.

Como muitas informações eram novidades para mim, precisei do socorro do Google para descobrir se aquele fato, nome de pessoa ou cidade citados no livro existiam e como eram escritos. Talvez alguns erros neste sentido aconteçam, mas assumo a culpa por não ser ainda um "canal" mais preciso.

De certa forma, a primeira canalização, no dia 1 de janeiro, expôs toda a estrutura do livro. Nas seguintes, entre os dias 2 e 15 de janeiro, fui intuindo informações para colocar, ou na primeira parte da obra, na qual se descrevem os principais acontecimentos ao longo das quatro encarnações narradas pelo Espírito, ou na segunda, na qual é descrito o trabalho realizado no plano espiritual, atuando como Cigana Esmeralda e com outras posturas simbólicas.

Apesar de reconhecer esse processo como sendo de "canalização", considero o livro uma obra de ficção. Não tenho a pretensão de afirmar que esta é a história oficial de um determinado Espírito. Pode até ser que seja. Mas, como não tenho como provar, prefiro não tratar como uma biografia espiritual, mas como uma obra que apresenta ensinamentos para se compreender o papel da encarnação, a lei de causa e efeito, dentre outros temas espiritualistas inspirados por um Espírito que atua nos terreiros de Umbanda como Cigana Esmeralda.

De certa forma, transformei aspectos da história de vida de determinado Espírito em um romance espiritualista de ficção. Em suma, sua experiência de vida converteu-se em inspiração para o livro, não se tratando, portanto, de uma biografia.

Foi nesse momento de maior racionalização sobre o conteúdo do livro que fiquei preocupado com as várias passagens eróticas expostas no texto. Eu não sabia se deixava ou se tirava. Para buscar uma resposta, resolvi fazer uma meditação e intuí que não era para tirar nada, apenas informar que o texto é "recomendado para maiores de 18 anos".

Aconteceu outro fato curioso. Enquanto escrevia o livro, várias passagens me emocionaram muito, sobretudo as que tratavam das angústias que supostamente o Espírito sentiu, relacionadas com a sexualidade. Lágrimas saíam dos meus olhos, deixando-os muito embaçados. Quando isso acontecia, eu precisava parar de escrever, tomar água e me desconcentrar. Não sei dizer se eu estava captando o que o Espírito que me intuía estava sentindo naquele momento ou se era outra coisa. O fato é que eu precisava me desconcentrar.

Várias vezes precisei parar de escrever, tomar água e deixar a mente divagar um pouco, vendo alguma postagem no facebook ou indo mexer no jardim. Quando me sentia novamente pronto para escrever ou quando uma ideia ficava martelando em minha mente, eu voltava para o computador e retomava o processo de escrita do livro.

Quando o livro ficou pronto, me veio uma intuição: o casal do livro seria formado por dois velhos conhecidos que trabalharam comigo nos primeiros anos da ONG Círculo de São Francisco. Foi por essa razão que resolvi colocar nos personagens os nomes que utilizavam nos trabalhos mediúnicos: Dr. Felipe e Aline. Se minha intuição estiver correta, boa parte do que se apresenta neste livro é a história deles. Mas, se eu estiver errado, faço aqui uma homenagem a eles ao usar o nome que utilizavam no trabalho mediúnico. Espero que não se sintam ofendidos.

Eu me lembro de que um deles disse, em 2002 ou 2003, que era para eu escrever um livro que abordasse a questão da sexualidade. O tempo passou e, cerca de 20 anos depois, surgiu este livro. Assim, mesmo não tendo provas, tenho a convicção de que esses dois Espíritos que estavam sempre presentes nas reuniões mediúnicas que fazíamos na ONG Círculo de São Francisco são também os protagonistas deste romance espiritualista.

Embora tenha sido concluído em apenas 15 dias, este também foi um livro difícil de escrever, uma vez que o seu conteúdo pode ser um pouco chocante. Não sou daqueles espiritualistas que negam a importância da sexualidade em nossas vidas, afirmando que Espíritos evoluídos não precisariam de sexo, dentre outras considerações que acredito serem preconceituosas.

Eu sempre pensei o corpo como um instrumento privilegiado para o Espírito e não como sua prisão. E o sexo nunca foi considerado "pecado" por mim. Apesar de ser espiritualista, sempre acreditei que o Espírito, durante sua encarnação, deve servir-se do corpo físico para criar, para deixar uma marca positiva sobre a Terra e também para sentir prazer. E a sexualidade tem uma importância fundamental para o Espírito. Por ser uma energia poderosa, deve ser conhecida e utilizada com sabedoria, sem negar o prazer e a satisfação que podem e devem ser obtidos através da relação sexual.

Certa vez, em uma reunião mediúnica, um dos Espíritos que eu acredito que editou este livro disse que a homossexualidade ou qualquer outra expressão sexual não era problema nem gerava *carma* para o Espírito. Ele garantiu que a promiscuidade é que seria o problema. Eu questionei-o sobre o que ele entendia por promiscuidade e ele respondeu: "Do ponto de vista espiritual é qualquer prática sexual que seja realizada com outra pessoa sem consentimento. Uma relação heterossexual, dentro desse ponto de vista, pode ser muito mais grave para o Espírito do que uma relação homossexual".

Eu achei essa definição bem coerente com os ensinamentos que recebíamos nas reuniões mediúnicas que fazíamos na ONG Círculo de São Francisco, entre 2001 e 2005, uma vez que tais ensinamentos sempre enfatizavam a intenção e não o fato. Assim, independentemente do que se faça dentro de quatro paredes, se os envolvidos estão de acordo, não haveria nenhum problema cármico para o Espírito.

De certa forma, a experiência de vida que esse Espírito que vamos identificar como Cigana Esmeralda nos transmite vai nessa mesma direção. Ela busca valorizar uma sexualidade ativa e sadia, livre de preconceitos e tabus. Mas enfatiza que determinadas atitudes – entendidas aqui como ações interiores ou intenções – podem afetar o Espírito, gerando *carmas* ou a necessidade de passar por expiações em existências futuras.

Dos mais de 50 livros que escrevi, este é o que apresenta passagens eróticas mais explícitas. Talvez ele possa chocar algumas mentes mais conservadoras do meio espiritualista para as quais a sexualidade ainda é um tabu e que se incomodam com o prazer sexual ou que difundem em seus livros e palestras que sexo só atrai "Espíritos inferiores", como se ainda estivéssemos na Era Vitoriana.

Como afirma o Espírito que usa a forma simbólica de Cigana Esmeralda, a promiscuidade pode afetar negativamente nosso corpo astral ou perispírito. Mas, como já salientamos, a concepção de promiscuidade utilizada não é a usual, sendo toda prática sexual realizada sem o consentimento de uma das partes envolvidas, sem relação com masturbação, homossexualidade ou outra questão mais polêmica no campo da sexualidade humana.

Com este livro concluímos a coleção Umbanda, Cultura de Paz e Diversidade Religiosa. Foram cerca de seis meses escrevendo e editando os quatro livros que compõem a coleção. Também foi uma maneira agradável de passar pela pandemia, mantendo a mente concentrada em um projeto prazeroso e não se deixando levar pelo medo ou por outro sentimento que foi tão intenso durante os momentos mais graves da pandemia.

Durante a pandemia, eu escrevi oito livros. Como os quatro que formam esta coleção, os outros também são espiritualistas, sendo dois romances (*O despertar do Homo spiritualis* e *O carma do senhor Immanuel Kant*) e dois sobre Captação Noética, Regressão de Memória e Apometria (*Operação Auschwitz* e *Operação Mauthausen*), mas que, de alguma forma, trabalham também com conceitos próprios da Animagogia, uma teoria espiritualista que ajudamos a estabelecer entre 1999 e 2003 e que fundamentou o trabalho da ONG Círculo de São Francisco por muitos anos.

De forma resumida, segundo a Animagogia, somos seres espirituais passando por experiências humanizadas. O mais importante dessa teoria é que o Espírito não é humano, mas se humaniza para viver essa fase de sua evolução. Antes de encarnar, o Espírito humanizado escolhe e planeja seu gênero de existência e constrói um personagem (*persona*) para representar na Terra e, assim, adquirir mais sabedoria e experiência de vida a fim de superar a fase humanizada do Espírito e começar a se preparar para a fase angelical, que seria a seguinte e que vamos vivenciar em breve.

Pelo fato de a Terra ainda ser um "mundo de provas e expiações", esse personagem (que podemos também chamar de ego) não se lembra das vidas passadas vivenciadas pelo Espírito nem das escolhas que fez antes de encarnar. Mesmo assim, a experiência de vida acumulada ao longo das encarnações o ajuda a passar pelas vicissitudes da vida.

Estes ensinamentos estão também presentes neste romance espiritualista no qual o Espírito que usa, dentre outras, a forma simbólica de Cigana Esmeralda descreve quatro de suas encarnações. Uma delas ficou comprometida por conta da má orientação das energias sexuais; já nas demais, em que predominaram, respectivamente, uma expiação, uma prova e, finalmente, uma missão, ela consegue vencer a fase humanizada do Espírito.

O Espírito esclarece que nunca encarnou com o nome de Esmeralda, apesar de ter nascido em uma família cigana em sua última encarnação na Terra, pertencente ao grupo Rom. Também explica que utiliza na Umbanda uma postura simbólica chamada Cigana Esmeralda e que trabalha, sobretudo, para reequilibrar essa força criativa que pode e deve ser cultivada plenamente, buscando o prazer e conquistando o equilíbrio físico e psíquico que uma sexualidade ativa promove.

Hoje, a ciência aponta diversos benefícios para quem manifesta uma vida sexual plena, feliz e ativa. Como já salientado, o problema estaria na promiscuidade, aqui entendida como as práticas sexuais não consensuais.

Confesso que aprendi muito com essa espetacular história de vida. Só tenho a agradecer por ter sido escolhido para canalizar ou intuir essa história.

Assim como desconhecia o trabalho dos boiadeiros na Umbanda e me encantei com eles, agora me tornei um admirador do trabalho espiritual da Cigana Esmeralda, no caso, dessa falange que atua na chamada linha do Oriente na Umbanda. Mesmo após a publicação deste livro, pretendo continuar estudando e conhecendo mais detalhes do trabalho realizado por esse grupo espiritual.

Eu me emocionei e aprendi muito escrevendo este livro, e espero que ele também emocione e ajude a quebrar preconceitos de quem tiver a oportunidade de lê-lo!

São Carlos, janeiro de 2022

Hino Internacional dos ciganos Rom

Caminhei, caminhei por longos caminhos
Encontrei afortunados roma
Ai, roma, de onde vêm
com as tendas e as crianças famintas?
Ai, roma, ai, rapazes!

Também tinha uma grande família
foi assassinada pela Legião Negra
homens e mulheres foram esquartejados
entre eles também crianças pequenas.
Ai, roma, ai, rapazes!

Abre, Deus, as negras portas
para que eu possa ver onde está minha gente.
Voltarei a percorrer os caminhos
e caminharei com os afortunados roma.
Ai, roma, ai, rapazes!

Avante, roma, agora é o momento,
Venham comigo os roma do mundo
Da cara morena e dos olhos escuros
Gosto tanto como das uvas negras
Ai, roma, ai, rapazes!

Apresentação

Neste livro apresento um pouco da minha história de vida ao longo das minhas últimas quatro encarnações na Terra. Entre os séculos XIV e XX, vivenciei no Ocidente dores e prazeres, sofri e fui também feliz. Porém, o mais importante é que iluminei meu Espírito, ou seja, venci a fase humanizada e em breve começo minha preparação para a chamada fase angelical do Espírito.

Obviamente, tive muito mais existências na Terra, porém estas foram fundamentais para me capacitar e participar de uma corrente de Espíritos que hoje atuam na Umbanda utilizando a postura simbólica conhecida como Cigana Esmeralda, na linha de trabalho do Oriente.

Mas não trabalhei somente na Umbanda. Também atuei em centros espíritas e em atendimentos de Apometria, em locais que trabalham com diferentes enfoques espiritualistas. Essa divisão que existe na Terra não atrapalha o trabalho realizado pela espiritualidade, mas é importante saber que, do lado de cá, essas divisões seriam mais relacionadas com a organização, não havendo conflitos ou guerras religiosas.

Também, nunca adotei esse nome em nenhuma das minhas encarnações, mas, como já é bem difundido, na Umbanda as entidades espirituais se comunicam nos trabalhos mediúnicos utilizando as chamadas posturas simbólicas. E Cigana Esmeralda do Oriente é uma entre as diferentes possibilidades de trabalho que formam a complexidade e o encanto da Linha do Oriente nessa grande religião universalista, voltada para a caridade e para a inclusão de todos.

Na Umbanda, um grupo de Espíritos que usam o mesmo nome simbólico e realizam o mesmo trabalho é identificado como Falange. Porém, apesar de todos os membros de uma Falange seguirem um protocolo para o trabalho mediúnico, como se fosse uma "franquia", cada Espírito mantém sua singularidade, sua própria experiência de vida construída ao longo de várias encarnações e sua própria vibração. É justamente essa experiência que capacita o Espírito a ser convidado para uma ou outra Falange.

Para que haja o intercâmbio mediúnico, é necessária certa afinidade entre a entidade espiritual e o médium, assim, em cada terreiro de Umbanda haverá um Espírito diferente se manifestando como Cigana Esmeralda. Em outras palavras, apesar de esse grupo de Espíritos utilizar o mesmo nome e trabalhar com as mesmas forças energéticas, cada terreiro terá a sua própria Cigana Esmeralda, assim como tem o seu próprio Pai Joaquim, seu próprio Exu Tiriri e assim por diante, pois são Espíritos afinados com o médium que o incorpora.

Além disso, o Espírito que atua na Umbanda através dessas posturas simbólicas pode, também, atuar em outros trabalhos, como no kardecismo e até mesmo em uma religião que não aceita a mediunidade. Eu, por exemplo, nos trabalhos de cura em centros espíritas me apresento como uma freira enfermeira. Mas também já fui chamada de Espírito Santo por videntes evangélicos que me enxergavam dentro do templo em que atuavam, enquanto eles oravam.

A Umbanda, como a conhecemos, surgiu na Terra para trabalhar simbolicamente com os grupos excluídos e marginalizados. Inicialmente, dava voz aos ex-escravizados e aos indígenas exterminados pela "civilização". Em seguida, outros grupos foram sendo incluídos, dentre eles os Orientais e, dentro dessa linha, os ciganos, na qual eu atuei.

Neste livro abordarei quatro encarnações. Em uma, eu me comprometi profundamente. Mas, depois de compreender onde eu errei, tive mais três nas quais eu consegui trabalhar alguns importantes arquétipos femininos, representados por encarnações singulares na Europa que me capacitaram a ser uma trabalhadora tanto no meio kardecista, no campo das curas mediúnicas, como também na Umbanda, atuando junto aos consulentes necessitados de orientações no campo da sexualidade, incluindo todos aqueles que sofrem por não se sentirem aceitos por manifestarem uma orientação sexual diferente daquela padronizada e socialmente mais aceita.

Meu trabalho consistia em demonstrar como a sexualidade é para ser vivida com prazer, de forma plena e feliz, sem tabus ou preconceitos, cuidando apenas em não ferir as outras pessoas. O importante em todo relacionamento sexual é o consentimento. A compreensão do que vem a ser promiscuidade sexual é muito diferente do lado de cá e não tem relação, necessariamente, com homossexualidade, como o ego de muitos encarnados interpreta.

Neste livro vamos abordar um pouco esta questão, ajudando a esclarecer e, sobretudo, ajudar quem sofre estigma ou preconceito por manifestar uma sexualidade diferente e, muitas vezes, recorre à prostituição para conseguir sobreviver em uma sociedade em que a igualdade de gêneros ainda não foi efetivamente construída.

Como foi no campo da sexualidade que acabei me comprometendo carmicamente, este foi um dos campos em que mais atuei, seja orientando, seja irradiando energias para quem sofria por manifestar orientações sexuais singulares e estigmatizadas socialmente, ou havia sido vítima de abusos e precisava reconquistar sua vida, superando os traumas vivenciados.

Outro campo de atuação que me foi atribuído foi o da nutrição, orientando os consulentes para que se alimentassem melhor, valorizando a energia ou o *prana* presente nos alimentos mais naturais, evitando os processados, refrigerantes e o excesso de açúcar, dentre outras questões nutricionais.

Os videntes que me enxergavam evidenciavam a tonalidade verde de meus vestidos e vários detalhes dourados. Mas poucos notavam que nos babados e em outros pontos havia triângulos dourados. Após a leitura deste livro, você vai saber o que significam esses triângulos que muitos interpretavam apenas como sendo um enfeite. Na verdade, eles tinham um significado mais profundo, que vou esclarecer ao longo do livro.

Nem todas as Ciganas Esmeraldas usavam esses triângulos dourados em suas roupas. Mas, para mim, tinham um significado muito especial, e por isso eu fazia questão de projetar mentalmente minhas roupas com essa insígnia.

No início do século XXI, porém, eu comecei a minha preparação para que, em breve, possa iniciar a fase angelical, deixando para trás a fase humanizada. Eu fui deixando de me manifestar mediunicamente nos trabalhos e passei a organizar um grupo de Espíritos, cada um com sua própria experiência de vida, para atuarem também nesta grande falange que se identifica como Cigana Esmeralda.

Não tenho ideia do que virá pela frente, mas confio plenamente que será uma vida muito melhor e feliz. Não só para mim, mas para todos os Espíritos que vão permanecer na "Terra regenerada" que se anuncia para breve.

Como salientei, utilizei outras posturas simbólicas também. Mas esta como Cigana Esmeralda foi tão gratificante que acredito que por toda a eternidade vou me lembrar com carinho desse trabalho que tive a oportunidade de realizar por algumas décadas após o meu desencarne durante a Segunda Guerra Mundial, naquela que foi a minha última encarnação na Terra, pelo menos enquanto ela ainda for um "mundo de provas e expiações".

Eu não tenho mais necessidade de encarnar para passar por provas ou expiações. Talvez alguma missão me seja solicitada, e aqui, quando um Espírito é convidado a realizar alguma missão, nenhum se nega. Apesar de ser um convite, todos interpretam como sendo uma convocação, pois é uma grande honra servir a Deus e aos grandes Espíritos Excelsiores que confiam na gente.

Espero, com este modesto livro, esclarecer muitas dúvidas e, através da energia de alegria e prazer das diferentes falanges que formam a Linha dos Ciganos – dentro dessa maior que vem sendo chamada de Linha do Oriente na Umbanda –, trazer a força necessária para que todos possam passar pelas vicissitudes da vida com mais equanimidade, paz e alegria.

Que a energia dos ciganos abra os caminhos, trazendo prosperidade, alegria e uma vida sexual mais plena e feliz a todos que tiverem acesso a este pequeno livro, escrito com muito amor e esperança.

Cigana Esmeralda do Oriente

Parte I

Uma vida sem tesão não faz sentido

Na primeira parte deste livro vou apresentar um pouco das minhas quatro últimas encarnações. Em todas elas a sexualidade era muito vibrante e esteve muito presente. Uma foi vivida de forma equivocada e comprometi meu perispírito. Depois foi necessário viver uma expiação retificadora e, em seguida, uma encarnação em que passei, aos trancos e barrancos, por uma provação. Por fim, experienciei até mesmo uma pequena missão no campo da sexualidade, ajudando a difundir a importância de se viver sem preconceitos e ativamente.

Capítulo 1

Iniciando o processo de despertar espiritual

A primeira encarnação que vou descrever aconteceu na primeira metade do século XIV, na Europa. Apesar de o Espírito escolher o gênero de existência, durante muito tempo o ego se mostra mais forte que o Espírito e esse processo compromete nossa evolução, uma vez que vamos adquirindo *carma*, que neste livro vou interpretar como a necessidade de passar por expiações, ou seja, quando a palavra *carma* for usada, é no sentido usual realizado aí na Terra. Assim, utilizarei o termo *carma* para me referir às situações negativas, do ponto de vista humano, pelas quais necessitamos passar para corrigir os erros cometidos no passado. O *carma* seria, nesse sentido, a consequência de atitudes equivocadas e que precisam ser reparadas, seja com outros Espíritos, seja com o meio ambiente ou até mesmo com seu próprio corpo, seja o físico ou o astral.

Por intermédio das expiações "pagamos" o *carma* adquirido em uma vida passada. Mesmo assim, antes de encarnar, o Espírito sabe quais serão essas expiações e, na grande maioria das vezes, aceita passar por elas, pois tem consciência de que tais expiações funcionam como um remédio amargo, mas necessário, para se obter determinada cura.

É importante ressaltar que, ao longo das encarnações, sejam elas positivas ou negativas, agradáveis ou desagradáveis, vamos adquirindo mais sabedoria e experiência e, assim, conseguimos nos preparar melhor para o dia em que, finalmente, vamos vencer as provas que nós mesmos escolhemos na fase humanizada do Espírito. Durante muito tempo, porém, vencer o ego é tarefa muito difícil. Daí a necessidade de várias encarnações na fase humanizada para superá-lo. Em suma, o objetivo das encarnações é vencer o ego, como vou esclarecer agora.

Na fase humanizada, o Espírito solicita as provas que deseja vivenciar e, se passa nas provas, adquire mérito para superar essa fase. Quando não passa, a única coisa que acontece é ter de se preparar melhor e tentar novamente vencer aquela provação escolhida voluntariamente. É importante salientar que ninguém vai nos julgar, nem Jesus, nem Deus. É a nossa própria consciência espiritual que exige reparar os erros ou refazer determinadas provas. E, como salientei, as provas são escolhidas pelo Espírito e nisso consiste o nosso livre-arbítrio.

As encarnações, então, são construídas a partir de provas, escolhidas voluntariamente, mas também de expiações e de missões. Com muita frequência, os três processos ocorrem em uma mesma encarnação. É muito raro que um Espírito que ainda não venceu a fase humanizada tenha uma encarnação só com provas, ou só com expiações, ou só com missões. Há uma relação complexa entre os três processos e, do ponto de vista do encarnado, é praticamente impossível falar, por exemplo, que um cadeirante está passando por uma prova, uma expiação ou uma missão. Passar uma existência em uma cadeira de rodas pode representar qualquer uma das três possibilidades.

O importante, portanto, é compreender que as provas são escolhidas voluntariamente pelo Espírito, mas que elas são construídas por Deus, ou melhor, por seus "contrarregras", que atuam nos bastidores da vida. As provas são sempre morais, não existe prova material. A matéria é o elemento necessário para criar as provas.

Vou abordar agora as expiações. Elas são necessárias para reequilibrar as energias desarmonizadas por nossas atitudes equivocadas em vidas passadas. Quando nossas atitudes comprometem demais o nosso corpo astral ou quando não estamos preparados ainda para dar a outra face, ou seja, compensar com amor a dor que fizemos outro sofrer, a expiação é uma maneira de resolver mais rapidamente esse problema ou até mesmo de aprender que não se deve fazer ao outro o que não queremos que façam conosco. Em suma, expiar é também viver a Lei mosaica do "olho por olho, dente por dente". Vivenciar esse processo, porém, não deve ser visto como castigo, mas como oportunidade de aprender a respeitar o outro e também a si mesmo.

Por fim, as missões são tarefas colocadas sob nossa responsabilidade e que serão, de fato, realizadas. Não tem como um Espírito falhar em sua missão, seja ela grande ou pequena. Se essa possibilidade existisse, um outro seria escolhido para realizá-la e não um Espírito que poderia falhar. O que caracteriza uma missão é o fato de que ela sempre se realiza, uma vez que o Espírito esteja pronto. O mesmo não ocorre com as provas, nas quais podemos ou não passar, caso ainda não estejamos tão preparados como acreditávamos, e, assim, precisamos nos preparar melhor no período "entrevidas", ou entre uma encarnação e outra.

A missão só é dada para quem já tem condições de realizá-la. Existem as mais diversas missões, de vários tamanhos e alcance. Mas o que importa é compreender que, se é missão, é impossível falhar. Não existe isso de fulano ter falhado em sua missão. Ele pode é não ter passado na prova que escolheu.

Enfim, compreendendo que provas, expiações e missões podem ocorrer em uma mesma encarnação, predominando um ou outro processo ao longo daquela existência, posso agora contar um pouco dessa minha experiência, enfatizando que ela foi, basicamente, de expiação, necessária para recuperar meu períspirito, afetado de forma profunda em uma encarnação anterior. Mas também houve algumas provas e missões que não vou descrever aqui para não alongar demais a história.

Por volta de 1320, eu nasci menina e fui abandonada em um convento católico na região de Reims, na França. Fui uma criança feliz no convento até chegar à adolescência, quando o meu corpo começou a mudar de forma significativa e muito rápido. Passei a ter pelos por todo o corpo e uma barba, que, se não era muito grande, era bem aparente e causava estranheza nas pessoas, que me olhavam como se eu fosse um bicho.

E não parou por aí minha transformação. Eu tinha músculos até certo ponto bem desenvolvidos por todo o corpo. A minha aparência era a de um homem, só não tinha um pênis. Minha condição ajudava a propalar dentro do convento a teoria de que uma mulher poderia se transformar em um homem, mas nunca o contrário. Meu clitóris era saliente, mas não o suficiente para dizer que se tratava de um pênis. E eu tinha uma vagina.

Apesar dessas mudanças em meu organismo, minha alma continuava feminina, e eu fantasiava relacionamentos com homens e não com mulheres. Assim como outras meninas do convento, eu me masturbava no quarto pensando em homens. Na juventude, quando estávamos com cerca de 15 anos, muitas das companheiras de convento se apaixonaram por mim, e o fato de ser mulher seria, do ponto de vista delas, uma vantagem. Poderíamos ter relações e praticar jogos sexuais sem medo de engravidar. Mas eu nada sentia por elas. As mulheres não me atraíam, meus desejos sexuais envolviam os homens.

Um sacerdote – não necessariamente preocupado comigo, mas em como lidar com a situação – decidiu que eu tinha de sair de lá e me ajudou a ir para Marselha, uma cidade portuária e com uma vida social mais agitada ou "pecaminosa", segundo ele. Paris era perto de Reims, e ele queria me ver bem longe de lá, por isso pensou em Marselha.

Para o sacerdote eu era uma alma perdida. Ele acreditava que a igreja não tinha como lidar comigo e queria se livrar de mim ou de eventuais problemas que ele enfrentaria no futuro por ter no convento um "homem" com vagina.

Apesar de a Igreja Católica difundir que a mulher teria sido criada a partir da costela de um homem, havia – como já salientei – uma teoria que sustentava que o homem é que teria se desenvolvido a partir da mulher. Assim, acreditavam que uma mulher poderia virar homem, mas o contrário não seria possível. Eu, então, poderia representar uma transformação que não havia dado certo, parando no "meio do caminho". E o culpado por isso seria o "capeta", que dominava o meu corpo.

O problema mesmo é que os sacerdotes não queriam mais confusões além daquelas que já faziam parte do cotidiano do convento. Aliás, confusão era o que mais tinha. Quem imagina que a vida dentro de um convento é tranquila, contemplativa, sem brigas, sem transtornos, engana-se. Inclusive, a vida sexual dentro do convento era muito intensa.

Naquele convento, a homossexualidade feminina era bem tolerada. Todos sabiam de freiras que se envolviam afetiva e sexualmente. Apesar de considerarem o fato pecaminoso, a homossexualidade não abalava a situação interna do lugar, desde que ficasse do muro do convento para dentro. Porém, a minha condição extrapolava tudo o que era aceitável até então e, por ser uma pessoa fora do padrão tolerado ali dentro, o melhor era se livrarem de mim.

O sacerdote conseguiu roupas masculinas e uma certidão falsa, como se eu tivesse nascido homem. Fez uma carta com recomendações para eu conseguir um emprego e me ajudou a chegar a Marselha, quando eu estava prestes a completar 18 anos de idade. Ele acreditava que eu entraria em algum navio e iria parar do outro lado do mundo.

Em Marselha, com cerca de 20 anos de idade, eu parecia um homem. Tinha os braços firmes e fortes, mas não musculosos. Meu peitoral era invejável, com alguns pelos, e barriga seca, o agora famoso "tanquinho". Minhas pernas eram grossas e firmes. Tinha um corpo masculino que despertava desejo nas mulheres e também em homens homossexuais. Mas não tinha um pênis, eu tinha uma vagina entre as pernas e me sentia feliz com ela. Eu não sofria pelo fato de ter uma genitália feminina, não queria mudar. Não desejava nem tinha nenhum interesse sexual por mulheres. Eu me excitava com os homens. Eu desejava os homens e queria ser penetrada e amada por eles.

Porém, mesmo em Marselha, onde o clima era mais amistoso e tolerante, eu tinha vergonha de me expor. Se eu fosse um homem gay, ainda assim minha vida seria difícil, mas eu seria aceito com mais naturalidade em alguns meios.

Para me esconder, criei uma carapaça: o trabalho, ao qual eu me dedicava com afinco, em uma empresa que realizava comércio com vários países. Por me dedicar de corpo e alma durante o expediente, eu era considerado um ótimo profissional, e as pessoas me respeitavam, gostavam de mim. Achavam, inicialmente, que eu era apenas um homem introvertido e tímido. Todos me convidavam para sair, mas eu sempre recusava.

As mulheres também me procuravam e, de tanto eu dispensá-las, passaram a achar que eu era um homem gay. Muitas até tentavam me ajudar, me apresentando a outros homens que se sentiam atraídos por mim ou que se vestiam de mulher e gostavam de ser passivos nas relações sexuais. Ninguém desconfiava ou imaginava que eu tinha uma vagina e também queria ser penetrada.

Minha frustração sexual era intensa, mas eu não demonstrava. Em meu quarto me masturbava criando muitas imagens eróticas. Muitas vezes, eu pensava em me revelar para as mulheres que se diziam apaixonadas por mim e se insinuavam sexualmente, mas eu tinha medo que elas revelassem o meu segredo. Por isso, apenas não manifestava nenhum interesse nelas, até chegava a dizer para algumas que eu gostava do mesmo que elas, frustrando-as, e fazendo com que se afastassem de mim. Mas isso ajudou a difundir a ideia de que eu era gay.

Quando essa hipótese ganhou força, meu círculo de amizades começou a mudar. Se eu me aproximasse de um homem atraente e este fosse preconceituoso, ele já se afastava, dizendo que não fazia sexo com outro homem. Muitas vezes, não era nem essa a minha intenção, era apenas ter alguém com quem conversar.

Também começou a aparecer homens querendo transar comigo, que desejavam ser penetrados por mim, querendo ver o tamanho do meu pênis. Eu tinha de me afastar sem revelar minha verdadeira identidade, temendo que a informação se espalhasse e eu fosse ainda mais estigmatizada.

Eu queria encontrar um homem que me aceitasse da forma como eu era. Queria ser amada por um homem, mesmo tendo uma aparência masculina, uma voz masculina e trejeitos masculinos. Não me fazia falta ter um pênis, eu queria mesmo era sentir um pênis dentro de mim, abrindo minhas entranhas e me realizando sexualmente como mulher.

Eu me comportava como homem, vestia-me como homem e trabalhava como se fosse um homem de negócios. Quando via um homem gostoso, eu o imaginava me possuindo, satisfazendo meus desejos. Talvez, se eu tivesse um pênis, fosse mais fácil, pois a homossexualidade era, de certa forma, tolerada. Eu teria, pelo menos, um círculo de relacionamento.

Mas o meu caso era excepcional. Eu me vestia como homem, me comportava como homem, não demonstrando ser homossexual ou afeminado. Mas eu tinha uma vagina e gostava de tocá-la, gostava de me masturbar como se fosse uma mulher e queria sentir um homem me penetrando. Eu era uma mulher em um corpo de homem, com a diferença de eu ter uma vagina em vez de um pênis.

Por volta de 1348, eu conheci um rapaz holandês que parecia compreender a minha situação. Ele transava naturalmente com homens e com mulheres, e não era passivo. Ele dizia estar a fim de começar um relacionamento sério, e eu arrisquei. Resolvi me abrir para ele, revelando a minha condição.

Ele não se importou e aceitou guardar aquele segredo. Com ele eu vivi noites maravilhosas. Nunca havia me sentido tão feliz naquela encarnação. Eu procurava satisfazer os desejos sexuais dele e ele os meus. Nosso relacionamento tinha tudo para dar certo, seria vivido sem alarde, sem despertar a curiosidade das pessoas, e nós seríamos felizes para sempre.

Eu agradecia a Deus por ter encontrado aquele homem. Nós nos entendíamos perfeitamente. Eu não via a hora de sair do trabalho e correr até o quarto para recebê-lo, passando uma noite plena de amor.

Porém, foi naquele mesmo ano que começou o surto da Peste Negra na Europa, e a cidade de Marselha foi uma das primeiras a ser afetada. Apesar de manter intenso comércio com outros locais do mundo, o que a tornava uma cidade mais liberal e tolerante, por lá também se falava frequentemente em bruxas e em demônios. E, com a população sendo dizimada, os grupos considerados pecadores passaram a ser perseguidos. O pecado seria a razão da peste, e eliminar judeus, pagãos e homossexuais passou a ser uma obsessão em várias partes da Europa, em Marselha inclusive.

O medo dos grupos que passavam a pregar que a peste era uma punição divina, e que somente a eliminação dos pecadores saciaria a ira de Deus, afetou aquele homem em quem depositei a minha felicidade, que parecia aceitar a minha condição. Muito assustado com tudo o que acontecia, fugiu para a Holanda, onde achou que seria um lugar mais seguro, deixando-me só mais uma vez.

Ele era a minha esperança de uma vida feliz. Eu tinha encontrado um homem que me entendia e me satisfazia sexualmente. Sentindo-me rejeitada, deixei de me alimentar. Minha imunidade baixou muito e fui contaminada, vindo a morrer em cerca de 24 horas.

Quando o meu corpo foi encontrado, sem vida e em avançado grau de decomposição, ele foi jogado em uma vala comum, e minha história e angústia vivida por ter uma sexualidade tão diferente, apagadas da história.

Ao desencarnar, não me revoltei, mas chorava o tempo todo. Alguns Espíritos passavam por mim e riam. Eu estava no que se chama hoje de Umbral, e não sei precisar quanto tempo fiquei naquela condição, até que um grupo de freiras se aproximou e eu fui socorrida. Algumas eu até conhecia, pois eram do convento em que eu passei a infância e a adolescência. Após desencarnarem, elas eram responsáveis por socorrer e cuidar de outros desencarnados ainda em sofrimento, como era o meu caso.

Em nenhum momento me revoltei, mas sofria muito. Ser acolhida por elas me trouxe o conforto que desejava encontrar na Terra. Felizmente, minha recuperação foi muito rápida. Minha aparência astral foi se transformando com os passes e outros tratamentos que recebia. Ia voltando a ter uma aparência feminina, moldada pela minha própria mente, e compreendi, ou melhor, me lembrei, que passaria por aquela expiação.

Quando minha consciência espiritual se expandiu, compreendi a importância daquela encarnação e agradeci a Deus e também àqueles Espíritos amigos que não me abandonaram em nenhum minuto, mesmo nos momentos em que me sentia desamparada e sem ninguém para me consolar.

As freiras que me socorreram faziam parte de um grupo de Espíritos que usavam a forma feminina e que na Terra tinham sido devotas de Maria Madalena e de Santa Clara, no Ocidente, ou de Kuan Yin, no Oriente, dentre outras referências femininas sagradas cultivadas pelo imaginário humano. Já haviam me acolhido antes, e foram elas que me ajudaram a me preparar para aquela encarnação expiatória na França. Eu era só gratidão e felicidade por relembrar que Deus não abandona nenhum de seus filhos.

O véu do esquecimento gradativamente foi sendo retirado de minha consciência e tudo começou a fazer sentido. Aquela encarnação reparadora foi um bálsamo para a minha alma, foi necessária para eu me reconciliar com as leis divinas. Meus mentores estavam certos: era melhor passar por uma encarnação expiatória e me recuperar mais rapidamente do que ficar no astral até aquela toxidade ser transmutada.

Antes dessa minha encarnação predominantemente expiatória, eu tive encarnações positivas e negativas no Oriente. Na anterior a essa que relatei aqui, eu fui um homem que atuou de forma equivocada com o sexo tântrico. Utilizando as energias sexuais de forma desequilibrada, comprometi todo o meu perispírito e contraí um débito com magos negros do Astral. Ao desencarnar, fui escravizado e tive de trabalhar para eles durante muito tempo. É importante esclarecer que tive o chamado "merecimento" negativo para passar por isso, caso contrário teria tido um destino mais auspicioso após o meu desencarne.

O sexo tântrico em si não é problema, assim como ocorre com a mediunidade. O seu uso equivocado é que pode comprometer uma encarnação. O sexo tântrico mexe com poderosas energias e, se estas são utilizadas de forma equivocada, para a satisfação do ego, as consequências podem ser dolorosas. Foi o que aconteceu comigo. Eu usava todo o conhecimento que tinha para enganar pessoas, causando dor e sofrimento. Se a nossa satisfação depende do sofrimento do outro, estamos nos comprometendo com as energias sagradas da sexualidade. Foi a partir dessa experiência equivocada que compreendi que promiscuidade não tem relação com homossexualidade, masturbação ou outra prática, mas está relacionada com as práticas não consensuais, em que a outra pessoa se submete contra a sua vontade a satisfazer os desejos alheios.

Além de ter me tornado um escravo de "magos negros" que utilizavam a energia sexual em suas práticas, meu perispírito estava completamente desarmonizado. Colhi o que plantei devido ao egoísmo e ao orgulho que sentia por saber manipular energias tão fortes. Achando que estava me libertando do ego, eu estava, de fato, cada vez mais iludido por ele. E a consequência foi funesta.

Quando adquiri o merecimento para ser salva daquele cativeiro, as freiras dessa equipe espiritual conseguiram me levar para uma colônia no Astral na Índia, onde recebi vários tratamentos, mas uma encarnação expiatória me foi recomendada para recuperar a forma perispiritual com mais rapidez. Como salientei, no Astral também seria possível essa recuperação, mas levaria em torno de três a quatro vezes mais tempo do que aquele que passaria encarnado.

Apesar da dor que sofri, não necessariamente dor física, mas moral, com aquela encarnação basicamente expiatória meu corpo astral tinha se recuperado. Posso dizer que minha túnica estava novamente limpa. Aquela vicissitude foi dolorosa, mas valeu cada segundo. Só do lado de cá conseguimos compreender e agradecer por isso.

O que chamamos de quarta dimensão ou mundo astral é uma dimensão intermediária entre a material e a espiritual, propriamente dita. Algumas correntes espiritualistas consideram a quarta dimensão onde estão as colônias e também as zonas umbralinas como sendo o mundo espiritual.

Lá estão os Espíritos humanizados que se preparam para uma nova encarnação, após feita a escolha do gênero de existência, e também os desencarnados ainda presos ao ego, habitando tanto as colônias espirituais, que são reproduções da vida material, como os umbrais. A diferença entre essas duas "construções mentais" é a vibração. Os mais comprometidos energeticamente vão para os umbrais, enquanto os demais vão para as colônias. Mas a quarta dimensão é um lugar para depurar o perispírito ou corpo astral antes de passar pela "segunda morte", que seria o momento em que o Espírito humanizado se desliga também do perispírito, criado exclusivamente para determinada encarnação.

Após a "segunda morte", ascendemos para a quinta dimensão. Está já é uma dimensão espiritual na qual estão os Espíritos humanizados incorpóreos, ou seja, aqueles que estão conscientes de serem Espíritos eternos vivenciando a fase humanizada e que gozam de sua consciência plena, no sentido de terem condições de avaliar seu estágio evolutivo e poder planejar novas encarnações. Os Espíritos que habitam da quinta dimensão para cima se caracterizam por não possuírem o ego.

É importante esclarecer o que entendemos por ego. Com essa expressão estamos identificando o personagem criado para cada nova encarnação. Na fase humanizada do Espírito podemos escolher uma encarnação como homem ou como mulher, como branco ou negro, dentre tantas outras opções. Tudo depende do tipo de prova que gostaríamos de viver na Terra. Para cada provação, há um personagem mais adequado.

O ego, portanto, é como se fosse a mente do personagem. É a nossa mente no estado de vigília. Mas o ego pode passar por *upgrade*, como se fosse um programa de computador. Não temos como nos libertar do ego enquanto encarnados, mas podemos torná-lo mais universalista e menos egoísta, mais inclusivo e menos intolerante, mais cooperativo e menos competitivo.

Além dessa dinâmica entre o Espírito e o ego, temos a própria história da Terra acontecendo. Curiosamente, a Terra estava passando por uma mudança na transição do que se chamou de Idade Média para a Idade Moderna. Naquele momento, Espíritos com várias vivências no Oriente começaram a encarnar no Ocidente, e vice-versa. Por isso a encarnação expiatória, necessária para agilizar a recuperação do meu períspirito, foi programada para acontecer na França. De certa forma, eu estava diante de uma nova encarnação, mas vivenciando, ainda, a mesma humanização. Ou seja, eu não estava em condições de escolher um novo gênero de existência. Meu perispírito deformado foi adaptado para eu reencarnar e, ligado a um novo corpo físico, ajudar na sua recuperação, a fim de voltar a ter uma forma mais harmônica.

Eu ainda estava ligado ao mesmo ego, ao mesmo perispírito, que é a túnica do Espírito, e vivenciando os efeitos dos abusos cometidos no passado quando usei o sexo tântrico para satisfazer meu ego, desconfigurando quase por completo o meu corpo astral.

Eu só teria condições de me livrar dele, ou seja, passar pela "segunda morte", quando o perispírito se encontrasse limpo. Somente assim é que o Espírito pode se desligar dele e também do ego, a consciência daquela personalidade criada para determinada encarnação. Não é possível se desligar dele enquanto há toxidade acumulada no perispírito. Enquanto essa energia não for transmutada, o Espírito fica ligado a ele, vivendo no plano astral ou quarta dimensão. É possível realizar trabalhos espirituais que ajudam nessa limpeza. Boa parte dos Espíritos desencarnados que participam de trabalhos mediúnicos fazem isso por esse motivo: para poderem limpar seus perispíritos e poderem planejar suas próximas encarnações.

No meu caso, para acelerar o processo de limpeza, meus mentores sugeriram uma encarnação expiatória como a que vivenciei, e eu aceitei. É importante deixar isso claro. Há, obviamente, as encarnações compulsórias nas quais o Espírito está praticamente inconsciente do que acontece. Mas, no caso das encarnações expiatórias, este processo também é exposto e aceito pelo Espírito reencarnante.

Também é importante salientar que, do lado de cá, sempre achamos que somos capazes de passar por tudo. Mas, quando ligados ao corpo, descobrimos que é muito difícil.

Eu sabia, antes de encarnar, das dificuldades que teria na Terra, mas, após encarnar, eu não me lembrava dessas informações. Elas estavam dentro de mim, no meu inconsciente. Sem conseguir compreender o que se passava comigo, sofri muito. Felizmente, eu tinha certa força mental, adquirida ao longo de encarnações no Oriente, que me ajudaram a não deixar que a dor me dominasse ou tirasse o meu equilíbrio. Manter o foco no trabalho me impediu de cometer algum desatino, como um suicídio, por exemplo. De certa forma, eu havia interiorizado o ensinamento budista que diz que a dor é inevitável, mas o sofrimento é opcional.

Eu sentia dores, principalmente morais. Mas eu buscava não sofrer. Não deixar que aquela dor me derrotasse. No fim, acabei sendo derrotado porque o ego não aceitou aquele abandono no final de minha vida. Mas, no geral, eu até que consegui manter certa equanimidade diante de tantas vicissitudes.

Talvez por isso eu tenha conseguido manter o foco no meu trabalho no ramo do comércio marítimo e, até certo ponto, administrar minha dor sem prejudicar novamente o meu períspirito, tão duramente castigado na encarnação anterior.

Apesar de ter crescido dentro de um convento cristão e vivenciar muitas contradições entre o que se pregava e o que se vivia lá, eu acreditava que algo maior ou transcendente guiava as nossas vidas e tinha a sensação de que não era por acaso que eu havia nascido daquele jeito. De certa forma, os ensinamentos taoístas, budistas e hinduístas, acumulados ao longo de encarnações positivas no Oriente, mesmo sem eu ter consciência deles no meu estado de vigília, faziam com que eu buscasse forças dentro de mim para não sucumbir novamente.

Felizmente, com o perispírito finalmente limpo, foi possível me desligar do ego vivido naquela encarnação comprometedora e começar a planejar outra humanização, escolhendo outro gênero de existência.

Antes, porém, assim que recuperei minha consciência espiritual e lembrei-me de minhas vidas passadas, passei a integrar aquele grupo e a ajudar no resgate de Espíritos que desencarnavam também vítimas da Peste Negra. Quase um terço da população europeia desencarnou durante aquela epidemia e o nosso trabalho era árduo. Eu sentia que não poderia deixar de ajudar enquanto a epidemia continuasse tão intensa. Apesar de esse trabalho socorrista não ter ajudado a purificar o meu perispírito, que já se encontrava limpo, acabou me dando alguns créditos a mais na economia espiritual. Mas não agi pensando nisso. Minha intenção era somente a de ajudar, a de contribuir para aliviar o sofrimento de tantos que desencarnavam vitimados pela Peste Negra.

Estávamos exatamente no período que os historiadores da Terra marcam como o fim da Idade Média e início da Idade Moderna. Esse período, do ponto de vista espiritual, marca também uma mudança na vibração dos Espíritos que passaram a reencarnar. Além dessa troca que apontei anteriormente, muitos missionários também encarnaram nesse período, ajudando, sobretudo, a renovar a energia da Terra e a possibilitar avanços em várias áreas do saber. Vários Espíritos vieram de dimensões superiores, baixando suas vibrações para encarnar naquele momento delicado e ajudar a mudar a mentalidade. Ou seja, dar um *upgrade* no ego humano.

Em virtude de tudo isso que relatei, minha encarnação seguinte só aconteceu na segunda metade do século XVII. Quando eu estava com cerca de 50 anos de idade, em 1720, mais uma vez desencarnei em Marselha em decorrência da Peste Negra, porém, dessa vez, ajudando e lutando contra a enfermidade. Minha atitude diante dessa fatalidade foi outra, o que trouxe um pouco de luz para o meu Espírito. Não me entreguei ao desânimo, como na existência anterior. Dessa vez, o Espírito derrotou o ego.

O momento mais crítico da epidemia foi no final da Idade Média, e eu vivi aquele período na encarnação expiatória que já descrevi aqui. Porém, durante séculos, vários surtos ocorreram; o de 1720 foi o último deles, justamente na cidade de Marselha.

Apesar de todos os avanços ao longo de quase 400 anos, esse surto foi também muito mortal. Praticamente metade da população de Marselha sucumbiu, afetando principalmente os mais pobres, que não puderam fugir para outros locais.

Foram vários os surtos da peste entre a primeira e aquela de 1720. De certa forma, ajudaram a cidade de Marselha, uma cidade com rico comércio marítimo, a se preparar para evitar surtos mais graves da doença. Assim, tornou-se rotina fazer quarentena das tripulações, a higienização das mercadorias, dentro dos padrões de higiene da época, dentre outras medidas para evitar um novo surto da Peste Negra.

Porém, quando algo está programado para acontecer, alguém tem de ser o instrumento daquela ação carmática. Quando o surto começou, as autoridades públicas demoraram para agir. A situação merecia ações mais drásticas, mas quem deveria tomar as decisões não acreditava que se tratava de um novo surto da Peste Negra. Acreditava que era outra doença, menos grave, e pouco fez para diminuir os contágios.

Finalmente, quando se detectou que um novo surto atingia a cidade, era tarde demais. E como o *carma* se adquire pela intenção, neste caso valeu, de forma adaptada, aquele ditado cristão: o escândalo é necessário, mas ai daquele por quem vem o escândalo. Ou seja, ai daquele que tem o poder, mas não tem a intenção de resolver o problema.

Muitas cidades cortaram a comunicação com Marselha, e a fome tomou conta da cidade, uma vez que ela vivia basicamente do comércio exterior. Para enterrar tantos mortos, uma vala comum foi aberta ao lado da catedral. Também um hospital foi construído, mas em dois dias já estava completamente lotado.

Cerca de 400 pessoas morriam por dia na cidade. Eu novamente vivia em um convento, mas agora era uma freira muito dedicada à fé cristã. Nosso convento era dirigido pela Irmã Anne-Madeleine, sob a supervisão do Bispo Henri de Belsunce. Eu sentia uma tal necessidade interior de ajudar os enfermos que não me importava com os riscos de ser contagiada. Também não temia a morte. Eu acreditava na vida eterna e nas palavras de Jesus expostas no Sermão da Montanha.

Vi muitas pessoas morrendo, inclusive em meus braços. Mesmo assim, nunca desisti de minha missão e não deixava de visitar os enfermos e de levar a todos uma palavra de esperança e consolo. Vi também muitos religiosos fugindo de Marselha. Mas eu não os julgava, apenas achava que não estavam prontos para vivenciar o Evangelho. Eu queria cumprir a minha missão até o fim. Acreditava que tudo era entre mim e Deus, não importava o que os outros pensassem ou fizessem.

Eu visitava os locais mais infectados, ajudava a preparar comida para os doentes em cozinhas improvisadas na rua, fazia orações com todos e elogiava a ação dos médicos, nunca os criticando. Mas, ao contrário do "Bom Bispo", como a população carinhosamente tratava Dom Henri, eu novamente acabei contraindo a peste e desencarnando. Desta vez, porém, com a alma realizada e plena.

Meu despertar do outro lado da vida dessa vez foi irradiante. Se na encarnação anterior eu chorava, lamentando ter sido abandonada pelo homem que amei, nesse reencontro com meus velhos amigos minha alma era só alegria. Eu tinha certeza de que meu dever tinha sido cumprido, mesmo com alguns deslizes que vou apresentar no próximo capítulo.

Realmente posso dizer que encontrei o paraíso que imaginava na Terra. Não fui recebido por Jesus ou por outro Espírito Excelsior, mas reencontrei aqueles amigos que com tanto amor me acolheram e me prepararam para essas duas encarnações na França, no século XIV e também no século XVII.

De certa forma, essa encarnação me preparou para atuar no acolhimento de encarnados e de desencarnados que viviam crises com a sexualidade, com a falta de fé e, também, a fazer rituais com alimentos, o que vou esclarecer mais adiante.

Nessa encarnação como freira católica aprendi a me doar sem esperar nada em troca. Aprendi a não julgar e, aos trancos e barrancos, passei na prova que solicitei, que era viver uma sexualidade ativa e sadia, mesmo vivendo em um ambiente supostamente castrador da sexualidade, e sem comprometer, novamente, meu perispírito.

Como o Espírito escolhe a prova, mas quem cria a prova são outros Espíritos a serviço de Deus, eu não sabia que seria dentro de um convento que minha prova aconteceria. Mas fiquei tão satisfeita com o meu desempenho que, no trabalho que fiz após o meu desencarne, usei a postura simbólica de freira nos acolhimentos que realizava e era identificada como Irmã Aline, enfermeira e cozinheira.

Eu trabalhava muito como desencarnada, mas sempre avaliava a minha condição espiritual ou, como costumamos dizer, consultava o meu "livro da vida" para melhor compreender as provas que eu poderia escolher no futuro.

Eu sabia que ainda não tinha vencido a fase humanizada, mas que ela estava próxima de ser encerrada. Eu tinha mérito para ficar em torno de 150 anos no plano espiritual me preparando para aquela que seria minha encarnação derradeira, a última na fase humanizada do Espírito e ainda na Terra enquanto um "mundo de provas e expiações".

De alguma forma, eu vivia a expectativa de vencer a fase humanizada, como havia vencido as anteriores, e ficava imaginando como seria a fase angelical do Espírito, a seguinte nesta escala que não sabemos onde se encerra. Para não me perder em tantos devaneios, eu voltava a minha atenção ao trabalho de socorro que fazia após meu desencarne em 1720, novamente vitimada pela Peste Negra.

Como salientei, pedi uma prova e eu a venci. Minha encarnação anterior foi basicamente de expiação, para ajudar a reparar o meu corpo astral duramente castigado por não saber utilizar o sexo tântrico, fortalecendo ainda mais o meu ego, enquanto eu me servia das pessoas ingênuas que me tratavam como um guru. Já esta outra encarnação me colocou diante de uma provação que eu mesmo escolhi. Mas não foi tão fácil como eu pensava que seria.

A questão da sexualidade é bem complexa. Enquanto estamos no mundo espiritual observando os Espíritos humanizados e encarnados em suas provas, apesar de sempre torcermos para que todos vençam, é comum acreditarmos que podemos fazer melhor, ou seja, ter atitudes menos egocêntricas diante de determinados fatos. Quanto mais o tempo passa, e mais nos distanciamos da matéria, mais acreditamos estar preparados para as nossas provações.

Mas a realidade da encarnação é muito mais difícil do que pensamos. Felizmente, não é necessário passar com distinção e louvor. Nem mesmo precisamos "tirar 10" para passar por nossas provações.

No próximo capítulo vou descrever como passei por essa difícil prova, como eu disse, aos trancos e barrancos, cometendo gafes que, do lado de cá, são motivo de piadas até hoje. Como a única coisa que trazemos da Terra para o plano espiritual são as experiências vividas, é sobre elas que giram nossas conversas, na maioria das vezes, feitas com muito bom humor, pois os chamados Espíritos "superiores" não são nada carrancudos, como os encarnados gostam de representar.

Capítulo 2

Integrando nossos demônios sem perder o humor e, sobretudo, o tesão

Eu estava feliz com as minhas conquistas espirituais. Depois daquela encarnação expiatória e de ter trabalhado no astral ajudando no resgate de Espíritos que desencarnavam pela Peste Negra, estava na hora de me preparar para uma nova aventura encarnatória.

Meu perispírito, ou minha túnica espiritual, estava, finalmente, limpo. Eu poderia me desligar do ego anterior e criar uma nova personalidade de acordo com as necessidades de aprendizado que eu precisaria e pelas quais gostaria de passar. Não havia mais a necessidade de expiação. Mas a questão da sexualidade ainda era um tema que eu precisava trabalhar melhor. Compreender e aceitar viver uma sexualidade plena e feliz, sem cair nos extremos, seja da repressão ou da promiscuidade.

Resolvi, então, que gostaria de trabalhar minhas provas na questão da sexualidade. Até porque, apesar de ter recuperado meu perispírito, meu *chakra* básico ainda estava expandido devido às práticas do sexo tântrico feito de forma equivocada séculos atrás, e ele ainda precisaria de algum tempo para se equilibrar. Eu sabia que meu apetite sexual seria um pouco mais ostensivo que o normal e aprender a lidar com ele, sem me comprometer, seria uma ótima prova.

Assim fiz a minha escolha. Pedi para encarnar com uma prova bem específica: viver com equanimidade entre a repressão e a pulsão sexual. E, como nós pedimos a prova, mas ela é criada pelos Espíritos responsáveis pelas ações carmática, o enredo da nova encarnação me dava a oportunidade de demonstrar que o Espírito poderia ser mais forte que o ego.

O enredo foi bem peculiar, uma vez que alternava a vontade de se dedicar exclusivamente à vida espiritual e a vontade de ter uma vida sexual bem intensa. Muitos amigos espirituais acharam difícil, uma vez que ter controle sobre aquele *chakra* básico expandido exigiria um equilíbrio espiritual que eu ainda não demonstrava ter, apesar das várias encarnações no Oriente.

A maioria dos meus amigos disse que eu não conseguiria, mas que seria uma prova muito interessante. Quando eu voltasse para a pátria espiritual poderíamos dar muitas risadas.

A única coisa que o Espírito leva da Terra são as experiências acumuladas. Tudo aquilo que os ladrões roubam, a traça rói e a ferrugem consome fica na Terra. Além de trabalhar, o que fazemos muito do lado de cá é conversar sobre nossas experiências e acompanhar as dos outros. Seria algo como um imenso *big brother*, mas aqui torcemos para que todos ganhem, que passem por suas provas escolhidas voluntariamente ou que tenham força para suportar as expiações.

Como salientei, quando o Espírito escolhe um gênero de existência, ele não escolhe necessariamente o que vai acontecer durante sua encarnação. O Espírito escolhe a prova, mas as provas são criadas por Deus. Eu costumo dizer que os fatos que acontecerão são decididos pelos "contrarregras", ou seja, os Espíritos responsáveis por criar as situações para que as provas que escolhemos voluntariamente aconteçam. Mesmo assim, não adianta ficar reclamando, porque as provas sempre respeitam o gênero de existência escolhido. Nosso livre-arbítrio é o nosso maior patrimônio.

Assim, novamente voltei para vivenciar uma outra aventura encarnatória no final do século XVII. Para que a minha prova acontecesse, dessa vez eu nasci em uma família católica muito devotada e eu, desde a infância, sonhava em ser freira. Eu queria estudar, e sabia que somente nos conventos encontraria o espaço ideal para isso, e também para me dedicar a uma vida espiritual e religiosa regrada. Na minha cabeça, o sexo era pecado. Assim começava a agir o meu ego.

Porém, enquanto a minha cabeça pensava assim, o meu corpo tinha outras vontades. A minha energia sexual era intensa. Apesar de muito religiosa, quando cheguei à adolescência o meu corpo pedia sexo. De repente, eu me via me masturbando com frequência ou até mesmo idealizando relações sexuais com

Jesus e outros santos da igreja, observando seus corpos seminus nas imagens e estátuas.

Eu não tinha informação para saber que aquele desejo sexual intenso estava relacionado com as energias ainda desequilibradas em meus *chakras*. Eu achava que era tudo fruto da tentação do demônio e buscava ser mais forte que ele. Meu ego vivia em conflito.

Eu acreditava que, ao realizar o meu sonho de entrar para a vida religiosa e me tornar freira, minha força espiritual seria maior e eu venceria aquela tentação. Dentro do convento – acreditava eu — o capeta não me pegaria para me importunar. Para mim, fora do convento eu estaria mais vulnerável, sem controle sobre aquelas forças da natureza, e me transformaria em uma mulher devassa, em uma ninfomaníaca.

O ego é fascinante, é como um programa de computador escrito para rodar nossas provas. Ele não pertence ao Espírito, mas é um agregado com o qual o Espírito precisa aprender a lidar, pois o ego é cheio de artimanhas.

Parecia que duas pessoas distintas habitavam dentro de mim. Durante o dia, eu era uma delas e, durante a noite, a outra. Durante o dia, eu me devotava ao trabalho de manutenção do convento e às práticas religiosas, rezando frequentemente. Mas, à noite, o meu corpo era um caldeirão prestes a explodir de tanto tesão. Dentro do meu minúsculo dormitório, eu não conseguia controlar tanto desejo e me masturbava. Tinha noites em que eu precisava me masturbar três ou mais vezes para relaxar e conseguir dormir. Parecia que eu ia explodir se não me masturbasse.

Algumas jovens se encontravam e praticavam entre elas alguns jogos sexuais. Havia o boato de que algumas ficavam até com homens lá dentro, sacerdotes ou não. Eu, com vergonha de não ter a força que esperava ter, mantinha minhas práticas solitárias de masturbação. Como minha imaginação era muito fértil, eu sempre criava várias imagens eróticas.

Mas eu não tinha coragem de realizar as minhas fantasias e ainda culpava o demônio, achando que era ele que ficava me instigando. Também culpava as outras pessoas do convento, eu achava que o demônio não entraria lá se elas fossem mais fortes. A culpa era sempre dos outros, eu me via sempre como vítima.

Era comum eu me martirizar após me entregar aos pensamentos eróticos e me masturbar. Meu ego, depois do prazer, me culpava e me punia. Arrependida, eu culpava meu corpo e também o punia. Eu vivia machucada e prometia a Jesus que nunca mais teria aqueles pensamentos sedutores. Ledo engano!

Nas noites seguintes, lá estava eu perdida em imagens eróticas e, após o prazer, vinha novamente o ego para me culpar e me fazer buscar na dor uma forma de corrigir aquele processo natural que eu considerava como "pecado". Eu tinha muita energia sexual e não era fácil dominá-la.

Durante o dia, eu até conseguia canalizar aquela energia para outras práticas criativas. Eu tinha muito prazer em atuar na cozinha, e me dedicava de corpo e alma a esse trabalho. Eu me especializei em preparar pratos especiais, inventando temperos com as ervas colhidas na horta do convento e combinando de forma não tradicional os ingredientes disponíveis na cozinha. Eu conseguia sublimar minha necessidade de prazer na cama pelo prazer obtido na mesa. E eu também dava prazer, pois, apesar de a gula também ser considerada um pecado, ninguém resistia ao sabor de meus pratos, elogiando minha habilidade na cozinha.

Minha fama ultrapassou o convento. Em eventuais encontros religiosos que aconteciam na cidade, eu era convidada a providenciar a alimentação dos sacerdotes e demais autoridades. Esse cuidado com a alimentação era algo que me fascinava. Eu conversava com as plantas, pedia permissão a Deus para retirar um galhinho de alguma erva ou até mesmo para matar algum inseto. Cozinhar era uma forma de meditação. Eu conseguia manter o meu foco naquele objetivo, sem desviar minha atenção.

Mas isso era durante o dia. À noite, a forma de saciar meus desejos era me masturbando e, posteriormente, também escrevendo poesias eróticas. Estas eram carregadas de símbolos para disfarçar minha sede por sexo. Escrever os poemas me deixava queimando por dentro, e legumes, velas e outros objetos que encontrava pelo convento acabavam se transformavam em consolo sexual.

Apesar de me masturbar frequentemente, eu sentia um grande vazio. Meu corpo relaxava após o orgasmo e eu conseguia dormir. Mas minha alma sentia falta de afeto, de alguém com quem conversar e trocar carícias. Ser tocada por outra pessoa me fazia falta.

Por viver esse conflito interno tão intenso, eu julgava demais, tanto as pessoas de fora do convento, que para mim levavam uma vida devassa, como aquelas lá dentro, que não eram capazes de controlar seus desejos e praticavam jogos sexuais no convento. Eu sabia da vida de algumas freiras e ouvia boatos sobre a vida sexual dos sacerdotes.

Enfim, era a chamada "Função Espelho", tão bem explicada no livro *O Evangelho Segundo o Espiritismo*. O outro era o meu espelho; eu criticava no outro aquilo que me incomodava: não conseguir dominar o desejo sexual.

Se, por um lado, eu entendia o desejo sexual como sendo uma tentação do demônio, por outro, julgava aquelas pessoas como fracas, incapazes de controlar e dominar tais tentações e que, por isso, deixavam as portas do convento abertas para a entrada dele e para também me tentar. Eu não considerava que também contribuía para esse fenômeno acontecer. O problema era sempre o outro.

Depois de um tempo, comecei a viver outro fenômeno muito interessante e que me assombrava. Eu achava que era fruto da minha imaginação, junto com minha necessidade de ser tocada, penetrada, amada. Eu fazia projeções astrais sem ter conhecimento desse fato. Eu não ia para lugares serenos e tranquilos; ia visitar alguns locais no Astral que eu percorrera também em encarnações passadas, onde encarnados e desencarnados se entregavam alucinadamente aos prazeres da carne.

Centenas de homens e mulheres nus frequentavam aquele local. Alguns com formas bizarras. E eu, achando que tudo era fruto da minha imaginação, fazia sexo com eles. Quando acordava, achava interessante o fato de a sensação de ter sido penetrada ser muito real.

Eu tinha experienciado algumas sensações, por introduzir em minha vagina velas e outros objetos durante a masturbação, mas nunca havia me deitado com um homem. Por isso, ficava intrigada com as sensações que tinha durante o que eu acreditava ser imaginação somada com minha necessidade de sentir outro corpo junto ao meu.

Mas não era imaginação. Tratava-se de projeções astrais. Eu sentia o peso daqueles seres sobre o meu corpo. O pênis entrando e saindo de dentro de mim. Quando eu acordava, achando tudo aquilo muito estranho, eu queria conversar com alguém, mas não havia ninguém com quem eu pudesse trocar informações e compartilhar minhas experiências.

Muitas vezes acordava esgotada, cansada, sem nenhuma energia. Mas as práticas religiosas do convento logo me recuperavam, assim como o trabalho na cozinha e a possibilidade de mexer com a terra e com as plantas do convento.

Eu precisava conhecer pessoas que tivessem passado por experiências similares para poder trocar ideias. Eu já estava cansada de ficar ouvindo sempre a mesma resposta para tudo: "isso é coisa do demônio".

Eu não sabia, ou melhor, eu não me lembrava de que o plano espiritual se aproveitava de cada situação para trabalhar. Até mesmo aquelas minhas escapadinhas para sexo no Astral eram aproveitadas para socorrer desencarnados iludidos pela sexualidade. Ainda bem que eu tinha um pouco de merecimento para não ser jogada naqueles antros astrais sem proteção alguma.

Eu não sabia, mas estava sendo amparada. O meu cansaço se dava pelo esforço energético desprendido, por estar sendo sugada por desencarnados e encarnados também em desdobramentos, iludidos com a sexualidade.

Quando eu retornava para o convento, uma equipe espiritual amiga estava me esperando para resgatar aqueles que vinham junto comigo completamente fora de si e me davam um passe. Enquanto aqueles eram levados para colônias espirituais, hospitais e outros locais no Astral, eu era limpa. Mas, vira e mexe, precisavam me levar também, em desdobramento, para um tratamento. Felizmente, meus mentores sabiam que eu não conseguiria viver livre desses meus "demônios", sobretudo com aquele *chakra* básico fora do normal, tão expandido, e estavam sempre por perto me dando um suporte, mesmo eu não os vendo.

Minhas projeções não eram totalmente conscientes, ou seja, no sentido de sair do corpo e recuperar minha consciência espiritual plena e saber o que se está fazendo. Eu saía preso ao ego e ia em busca de satisfazer os meus desejos sexuais reprimidos durante o dia. Mesmo não os vendo, meus guias me acompanhavam, e ainda me usavam para resgatar desencarnados tão ou mais iludidos que eu. Ainda bem!

Nesses antros que visitava, eu via coisas que estavam além de minha imaginação. Por exemplo, uma coisa era eu imaginar uma cena erótica com um homem, outra coisa eram situações que apareciam sem eu pensar. Por exemplo, às vezes eu via um homem que parecia um duende com um pênis enorme, com cerca de 50 centímetros, dentre outras formas estranhas e peludas.

Quando via essas monstruosidades, eu ficava assustada. Se soubesse que estava fora do corpo, projetada no Astral, eu talvez buscasse frequentar outros locais mais agradáveis. Mas eu achava que tudo estava dentro da minha cabeça, que era tudo imaginação. Eu me lembro até hoje de uma vez em que fui a um antro desses no Astral e lá encontrei um dos sacerdotes da igreja vestido com uma tanguinha bem exótica, rebolando. Quando ele me viu, ficou envergonhado e tentou se esconder, tampando seu sexo e indo para outro ambiente.

Ao acordar, ri sozinha e falei para mim mesma: até o padre frequenta meus sonhos eróticos! Quando eu o via pregando, todo sério e formal, condenando a sexualidade, não conseguia controlar o riso, pois me lembrava da tanguinha que ele usava no astral e das suas reboladinhas.

Felizmente, depois de uma certa idade, sem tantos hormônios tentadores e com as energias – sobretudo, as do *chakra* básico – mais equilibradas, a minha necessidade de saídas do corpo para visitar alguns antros de perdição foi diminuindo. Eu ainda fazia projeções, mas para locais mais harmoniosos, onde encontrava meus amigos espirituais e ajudava pessoas. Eu, porém, achava que eram sonhos, uma espécie de sonhos lúcidos com riqueza de detalhes, mas apenas sonhos.

Com o tempo, fui também me autoconhecendo e parei de julgar. Em vez de achar que os outros eram fracos, comecei a ajudar, principalmente as freiras mais jovens, algumas com idade para serem minhas filhas e que viviam conflitos parecidos com os meus.

Comecei a me colocar no lugar delas, a ter empatia por elas. Tudo o que eu queria era ser a pessoa compreensiva que eu nunca tinha conhecido. Eu via aquelas meninas com os hormônios à flor da pele, sofrendo com tanto tesão, com visão equivocada, tratando a sexualidade como algo pecaminoso.

Eu não queria ver aquelas jovens vivendo um profundo estado de sofrimento e me tornei uma espécie de conselheira sentimental. Elas costumavam me perguntar se eu era uma prostituta que havia se convertido ao cristianismo, ficavam impressionadas com o meu conhecimento sobre sexualidade.

De forma inconsciente, mas com a minha experiência acumulada no Oriente, eu sabia que o problema da sexualidade era o vício, quando não se consegue pensar e fazer mais nada, assim como a promiscuidade, desrespeitando o outro, obrigando-o a fazer coisas que não deseja, fazendo sexo sem consentimento.

Eu dizia para elas que ter desejos sexuais era normal, mas que era preciso saber lidar com eles, não só quem vivia em conventos, mas a população em geral. Dizia para elas que o orgasmo era importante para a saúde, não só física como também mental. Eu não tinha conhecimento para falar em neurotransmissores e outros assuntos científicos, mas tinha algumas evidências empíricas.

Dizia que a pessoa dormia melhor, tinha a pele mais saudável, ficava com melhor humor. Dizia que não era pecado e que, sentindo vontade, poderiam se masturbar sem medo, pois Deus ou Jesus não iria castigá-las. Mas que aprendessem a dominar seus desejos em vez de serem dominadas por eles a ponto de não conseguirem fazer mais nada, ficando obcecadas por sexo.

Sobre a Igreja Católica proibir o casamento das pessoas que se dedicavam à religião, eu dizia que era uma regra da Igreja e que quem quisesse seguir esse caminho precisava seguir essa regra, mas que não era uma regra de Deus. Mesmo sabendo dos conflitos entre católicos e protestantes, eu procurava mostrar que as duas vertentes cristãs se uniam naquilo que era importante: o amor a Deus acima de todas as coisas e ao próximo como a si mesmo. Mas que tinham suas divergências, como em relação ao uso de imagens ou à questão do casamento dos sacerdotes, dentre outras coisas.

Eu procurava orientar as jovens para seguirem como freiras se realmente tivessem vocação, nunca por vontade dos pais ou outro motivo que não fosse o estritamente religioso e espiritual.

Esse trabalho fazia parte das provas que eu havia solicitado, de mostrar que a sexualidade não tinha nada de pecaminosa. Que o risco para o Espírito estava na promiscuidade. Que o desejo e o prazer não eram contrários à vontade divina, como se alardeava, apesar de alguns sacerdotes levarem uma vida devassa, muito mais que a minha.

Minha missão começou em 1720, durante mais um surto da Peste Negra. Mas eu não iria cometer o mesmo erro da encarnação anterior, quando desencarnei vitimada pela doença e também por me entregar, pelo meu desânimo diante da situação que vivenciei. Desta vez eu também iria desencarnar pela Peste Negra, mas vivendo com entusiasmo cada segundo da minha existência. E cumpri a minha missão!

Minha recuperação foi muito rápida. Assim que tomei consciência de que estava novamente desencarnada, mesmo não me lembrando de minhas vidas passadas, fui convidada para trabalhar em um hospital no Astral que atuava diretamente com desencarnados que haviam abusado ou que ainda viviam crises existenciais com a sexualidade, assim como eu séculos atrás. Com o tempo, eu passei até a liderar um grupo de Espíritos que trabalhavam comigo ajudando na questão da sexualidade humana.

Fazíamos reuniões com aqueles Espíritos que iam encarnar e que precisariam passar por expiações parecidas com as que eu tinha passado, no século XIV, buscando prepará-los. Também, após a encarnação, ajudávamos nos momentos de crise, irradiando energia para que se sentissem acolhidos. Eles nem precisavam pedir. Quando sofriam, era como se tocasse um alarme, e um Espírito da minha equipe ia até a pessoa, nos mais diferentes pontos da Terra, para levar uma energia reconfortante. Obviamente, os que pediam em orações e preces sinceras potencializavam essa ajuda.

É importante esclarecer que, mesmo quem não pedisse, recebia um passe, mas, por conta do livre-arbítrio, poderia repelir aquela ajuda. De forma inconsciente ou por ter uma mente muito fechada, fazia com que a energia não fosse absorvida. O importante é que a ajuda era disponibilizada, uma vez que Deus não abandona ninguém.

Mesmo assim, nada se perde, e aquela energia que não era aceita chegava até quem tinha merecimento ou estava receptiva para recebê-la. Encarnados e desencarnados vivendo conflitos com a sexualidade nunca foram desamparados. Todos recebiam vibrações para se reequilibrarem, mas contavam com o livre-arbítrio para aceitar ou não.

O tempo passou. Todo Espírito que ainda precisa da encarnação não tem como adiar sua temporada infinitamente no plano espiritual, então chegou o momento de eu me preparar para uma nova aventura encarnatória, planejando, com a ajuda de Espíritos mais experientes, como ela seria.

Eu queria encarnar novamente no Oriente, mas fui informada de que no século XIX haveria importantes mudanças em termos espirituais. O Espiritismo estava sendo gestado no mundo espiritual e em breve seria uma nova filosofia espiritualista na Terra. Espíritos missionários estavam se preparando para reencarnar e conduzir essa missão. Também a Teosofia seria uma vertente espiritualista importante, que ajudaria a difundir vários ensinamentos orientalistas no Ocidente, dentre outras perspectivas. E, em meados do século XX, essas duas vertentes seriam importantes para que ressurgisse na Terra a Apometria, que sempre existiu, mas com outras nomenclaturas, e praticada em pequenos grupos iniciáticos. A partir do século XIX seria mais ostensivo o intercâmbio entre encarnados e desencarnados, e os fenômenos mediúnicos seriam cada vez mais patentes.

É importante ressaltar que a mediunidade sempre ocorreu, mas o conhecimento desse processo ficava mais restrito às confrarias esotéricas. Sempre existiram encarnados que, durante o desdobramento propiciado pelo sono, saíam do corpo para ajudar no socorro de outros encarnados e também de desencarnados. Alguns tinham consciência do que faziam durante o sono, mas a maioria nem se lembrava do que havia feito durante aquele período.

Esse processo começaria a ser diferente a partir da segunda metade do século XIX. Mais pessoas conseguiriam se lembrar e o intercâmbio entre encarnados e desencarnados seria mais intenso e também ostensivo. Enquanto o Espiritismo tinha por missão ajudar a desvendar as leis do intercâmbio mediúnico, a Teosofia ajudava a difundir ensinamentos orientalistas no Ocidente e também os fenômenos que passaram a serem chamados de "anímicos", ou seja, quando o próprio encarnado, em desdobramento consciente, vai às escolas existentes no Astral para aprender ou ajudar no socorro de quem necessita, afora a existência de outros campos energéticos, além do físico e do astral, onde vibra o chamado perispírito.

Por isso afirmei que no século XX essas duas escolas espiritualistas seriam importantes para que o conhecimento e a prática da Apometria fossem consolidados na Terra, ajudando na limpeza do Umbral. Na Terra regenerada não haverá mais esse "lugar" para os desencarnados descarregarem a toxidade acumulada antes de despertarem espiritualmente.

Eu estava diante de uma grande oportunidade! Minha encarnação derradeira, a última na Terra enquanto um "mundo de provas e expiações" e também a última na fase humanizada do Espírito, terminando essa fase com uma nota intermediária e não com um "dez com distinção e louvor". Mas não importava. Eu finalmente poderia me capacitar para "passar de fase" e poder, depois de alguns milênios, deslumbrar uma nova possibilidade: vivenciar a fase angelical do Espírito eterno.

Assim, fui planejar e me preparar para reencarnar no final do século XIX, desta vez na Alemanha.

Capítulo 3

A sexualidade e a luta contra a repressão: a encarnação derradeira!

O século XIX se mostrava cheio de novidades e era nele que eu teria, se tudo desse certo, minha última encarnação. Eu poderia até voltar, mas para cumprir alguma missão, pois, quando algum Espírito é convidado para uma, ele aceita sem questionar, interpretando-a como uma convocação.

Após a análise de várias perspectivas para criar o meu novo ego, a minha nova personalidade, e levando em consideração os três processos que caracterizam a encarnação (prova, expiação e missão), conseguimos definir como seria a minha última encarnação na Terra. Esta teria um roteiro básico que não seria mudado: eu nasceria em uma família cigana, na Alemanha; perderia os pais e seria adotada pela família de um general alemão. Posteriormente, seria enfermeira na Segunda Guerra Mundial, na qual desencarnaria e "ascenderia", ou seja, terminaria a fase humanizada do Espírito, podendo me preparar, finalmente, depois de alguns milênios, para vivenciar a fase seguinte da evolução do Espírito, chamada de "angelical".

Eu queria que tudo desse certo. Queria terminar minha fase humanizada com chave de ouro. No plano espiritual já se previam as guerras, a ascensão do nazismo e de outras perspectivas totalitárias, além da expiação dolorosa de milhões de Espíritos, na primeira metade do século XX.

Também já se falava no processo de regeneração da Terra, que teria início por volta da década de 1930, alterando a regra para encarnar neste Orbe. Ou seja, até aquele momento, quando o Espírito, ainda na fase humanizada, alcançava determinado grau de sabedoria e experiência, ele deixava de encarnar na Terra e ia viver suas provas em outro Orbe. O Espírito continuaria sua fase humanizada não mais na Terra, até adquirir merecimento para começar a fase seguinte.

A partir da década de 1930, como a Terra seria preparada para virar um mundo de regeneração, gradativamente o egoísmo deixaria de ser a energia motriz e o amor é que passaria a nutrir tais orbes. Para que essa mudança pudesse acontecer, seria necessário dar início ao processo de "exilio planetário". Em outras palavras, Espíritos que não atingissem um padrão mínimo de despertar espiritual continuariam sua fase humanizada em outro Orbe e não mais na Terra. Esses Espíritos ainda presos ao egoísmo passariam a habitar orbes com características similares às da Terra de dez mil anos atrás.

Todo esse processo leva tempo, algo em torno de uns 200 anos do tempo terrestre. Provavelmente, será por volta de 2100 que começaremos a ver os sinais dessa mudança na paisagem terrestre. Portanto, tenham paciência. Até lá, procurem viver com equanimidade os altos e baixos da vida, as vicissitudes, tudo pelo que a Terra terá de passar com as mudanças climáticas, diversas epidemias e pandemias, dentre outros processos dolorosos, mas que podem ser vivenciados sem sofrimento, se tiverem sabedoria.

Com o roteiro básico da minha encarnação derradeira finalmente pronto, eu sabia que não teria como escapar desse destino. Nosso livre-arbítrio é exercido com muito mais plenitude no mundo espiritual durante a escolha do gênero de existência. Mesmo que falemos em destino, é importante ressaltar que ele é sempre o resultado de nossas próprias escolhas. Temos as cartas na mão e escolhemos como participaremos do jogo cooperativo chamado de "encarnação do Espírito".

Outros detalhes, entretanto, dependeriam das atitudes que eu tomasse durante a encarnação. Uma coisa era certa: a felicidade estaria sempre em minhas mãos. Se eu me lembrasse dos ensinamentos que recebi no Oriente, eu poderia viver feliz, não importando o que acontecesse em minha vida. Passaria por vicissitudes, os altos e baixos da vida, mas eu poderia vivê-las com equanimidade durante a minha experiência na Terra.

A questão da sexualidade ainda estaria presente, mas agora não mais como expiação e prova. Eu teria por missão difundir que era possível viver uma vida sexual ativa, saudável, e ajudar no processo de liberação feminina, apesar de todo o contexto repressor que estava previsto, não por ordem divina, mas devido ao grau de experiência e sabedoria de milhões de Espíritos que encarnariam.

Eu sei que era uma missão pequena diante de outras assumidas por outros Espíritos, mas era aquela que eu tinha condições de cumprir, ajudando a preparar as mudanças que se processariam na segunda metade do século XX, quando as mulheres, de forma geral, passariam a ter mais liberdade e poder na sociedade.

É importante lembrar que o Espírito em si não é homem ou mulher. Ele encarna para aprender com as vicissitudes tanto da existência masculina quanto feminina. O Espírito pode até manifestar uma certa preferência por um gênero, mas sabe que terá de provar o sabor das variadas experiências possíveis na fase humanizada do Espírito. Assim, é muito comum, ao encarnar como um homem machista e causar sofrimento em outros Espíritos humanizados, voltar como mulher e sofrer na pele tudo o que causou. A lei mosaica do "olho por olho, dente por dente" ainda se faz necessária para alguns Espíritos, infelizmente. E aquele que foi responsável pelo "escândalo" se compromete com a lei de causa e efeito e precisa também passar por vicissitudes.

Mas a encarnação não é composta somente de expiações, como tentamos demonstrar ao longo deste livro. Temos também as provas e as missões. E o Espírito pode encarnar em um contexto de machismo, de racismo, de guerras milenares, etc. com a missão de mudar essa história.

Era em um cenário de mudanças que eu deveria encarnar. A partir de meados do século XIX, nós vislumbrávamos mudanças, mesmo que pequenas e gradativas, e com muita expiação ainda para ser vivenciada. Porém, esse era o preço para que a Terra começasse a deixar de ser um mundo de "provas e expiações" e iniciasse sua nova fase como "mundo de regeneração".

Como já salientei, vários missionários estavam se preparando para encarnar. Milhões de Espíritos teriam sua última chance. Se não conseguissem despertar com aquela encarnação, entrariam na fila do exílio. Obviamente, Deus já sabia quem seria exilado ou não. Mas nós não.

Enquanto Espíritos ainda presos à fase humanizada, não tínhamos essa informação nem um sentido que nos ajudasse a prever. Assim, era nosso dever tentar ajudar a todos, inclusive a nós mesmos.

Graças aos missionários, a vibração da Terra seria um pouco mais positiva e saudável, neutralizando o ódio, o egoísmo e outros sentimentos nutridos pelos Espíritos mais presos ao ego. Se não fosse por eles, a ambiência da Terra seria intragável e os efeitos do nazismo e de outras perspectivas totalitárias sufocariam por completo a Terra.

Ver todo aquele cenário complexo que se abria diante de nossas almas trazia um misto de medo e de ansiedade ao meu Espírito humanizado. Seria um momento deslumbrante e promissor. Eu estava tendo a oportunidade de vivenciar aquele momento que seria o passo inicial de um novo estágio na história da Terra. Eu me sentia feliz por poder contribuir, o mínimo que fosse, para ajudar este planeta a deixar de ser um mundo de "provas e expiações" e se transformar em um "mundo de regeneração".

Grata com a possibilidade de contribuir com essa história e, após ter construído a personalidade que vivenciaria na Terra, comecei a minha preparação para uma nova aventura encarnatória. Se tudo acontecesse como previsto, seria a minha última encarnação na fase humanizada do Espírito. Após o meu desencarne, se tudo desse certo, eu poderia "ascender", ou seja, vencer a fase humanizada para começar minha nova jornada na fase angelical do Espírito.

Foram várias reuniões, tanto com os Espíritos que seriam meus mentores como com aqueles Espíritos encarnados que seriam os meus pais biológicos. Com estes, as reuniões aconteciam normalmente durante o sono. Em desdobramento, eles recuperavam a consciência espiritual e participavam das decisões. Ao retornar para o corpo, essas informações ficavam no inconsciente e as preocupações com o cotidiano voltavam a ganhar força, ou seja, o ego voltava a comandar a vida, e não o Espírito.

É interessante assinalar que acontece na Terra exatamente o que é combinado do lado de cá. Na Terra, nada acontece que não tenha sido contemplado no gênero de vida escolhido pelo Espírito antes de encarnar e nas decisões tomadas nesses momentos de expansão de consciência. É importante ter essa compreensão. Ao mesmo tempo que tudo está escrito para acontecer, o nosso livre-arbítrio também é sempre respeitado. Existe uma relação complexa entre a fatalidade e o livre-arbítrio. Obviamente que estou falando do livre-arbítrio do Espírito e não o do ego, aquela parte da consciência que predomina em nosso estado de vigília e que foi programada para brigar com o Espírito.

Eu irradiava felicidade. Meus amigos espirituais também confiavam demais em mim. Esta seria uma existência com algumas pequenas missões e algumas provas escolhidas voluntariamente por mim, dentre elas a da orfandade. Mas não haveriam expiações pelas quais passar. Eventuais dores seriam consequências de escolhas equivocadas durante a encarnação. Como diziam os meus mentores, eu poderia chutar uma pedra e ferir o dedão, um pombo poderia fazer coco na minha cabeça, e coisas do tipo, que não foram planejadas antes de eu encarnar, mas que poderiam ser formas de me reconciliar com a lei maior.

Obviamente, eu também poderia me comprometer de forma mais grave, podendo, em vez de ascender, ter de passar por outra encarnação compulsória. Mas seria muito difícil isso acontecer, graças à experiência e à sabedoria de vida acumuladas ao longo de várias encarnações. Ou seja, a probabilidade existia, mas era muito pequena.

No final do século XIX, quando a Alemanha já possuía o seu *Nachrichtendienst in Bezug auf die Zigeuner*, ou seja, uma central para combater a "moléstia" representada pelos ciganos, eu nasci. Mesmo antes de 1935, quando a perseguição aos ciganos se intensificou e aproximadamente 500 mil foram executados, já aconteciam assassinatos de ciganos. A morte de meus pais biológicos foi planejada por um grupo de militares intolerantes. Porém, quando descobriram que minha mãe estava grávida, um oficial teve um momento de lucidez e impediu que ela fosse morta, pelo menos não naquele momento.

Se eu não tivesse de vivenciar minhas provas e missões, meu Espírito seria ligado a um outro corpo e não àquele que precisaria sobreviver, até porque eu havia pedido a prova da orfandade. Mas, após o meu nascimento, meus pais foram mortos e começou a minha prova.

Ainda bebê, fui adotada pelo oficial, que não podia ter filhos. Ele se considerava cristão, manifestava horror ao aborto, mas defendia com unhas e dentes a pena de morte. Não via nenhum erro em matar judeus, ciganos, homossexuais ou qualquer outro grupo humano contra os quais manifestava preconceito. Matar uma mulher grávida, mesmo sendo uma cigana, era, na ótica dele, matar a criança que se desenvolvia em seu útero, logo, uma forma de aborto. Graças a esse paradoxo que o ego humano é capaz de criar eu consegui nascer e viver.

Minha família adotiva tentou me propiciar uma educação cristã conservadora. O sexo era pecaminoso se não fosse feito exclusivamente para a reprodução, e judeus, homossexuais e ciganos deveriam ser tratados como inimigos de Deus. O meu pai adotivo acreditava que, apesar do "sangue cigano" que corria em minhas veias, se eu fosse educada dentro dos princípios que ele considerava como cristãos, minha alma poderia ser salva.

Ele fez de tudo para eu ser "normal", mas eu tinha uma personalidade que não vinha do sangue nem do DNA. Uma personalidade que foi forjada ao longo de milênios e que não seria mudada por uma encarnação. Mesmo não me lembrando das escolhas feitas antes de encarnar e nem de quais seriam as minhas provas, eu já trazia na alma uma gama de experiências e, por isso, minha mentalidade era universalista.

Eu questionava boa parte dos ensinamentos que tentavam me impor. Meu comportamento não era aquele que meus pais adotivos sonhavam para mim. Eles sempre me imaginavam sendo uma bonequinha, uma princesinha que um dia se casaria com um príncipe e daria a eles netos e netas saudáveis e sem máculas. Eles queriam que eu fosse uma "mulher recatada e do lar".

Eu tinha um temperamento forte, explosivo e racional. Para tudo eu queria explicação. Ao mesmo tempo, eu trazia uma vaga intuição sobre vidas passadas e me parecia muito lógico acreditar que existia a reencarnação.

Eu e meu pai adotivo brigávamos muito, ele queria me impor sua religião. Minha mãe era mais tranquila, ela se considerava cristã, mas não via como um problema não ser. Ela, inclusive, sempre ajudava quem não se considerava cristão. Não fazia isso para converter ninguém, apenas porque via a humanidade como uma só, independentemente de raça, gênero ou etnia.

Assim, mesmo antes de descobrir que eu tinha sido adotada e que meus pais biológicos tinham sido assassinados, eu já manifestava muito interesse em descobrir quem eram os ciganos, os judeus e outros grupos tão marginalizados e perseguidos. Eu sentia empatia por todos e considerava uma injustiça o que faziam com eles. Mas não achava que estavam sendo castigados por Deus. Eu achava que a humanidade é que não tinha maturidade suficiente para agir de outra forma. Não dava para culpar Deus por tanta maldade existente sobre a Terra.

Esse interesse se multiplicou quando soube deste meu passado recente. Quando descobri que os meus pais biológicos eram ciganos e que foram assassinados, fiquei muito abalada. Posso dizer que senti uma dor profunda, mas não sofri. Mesmo sem ainda ter entrado em contato com reflexões sobre a lei do *carma*, lei de causa e efeito, dentre outras questões espiritualistas, aquela revelação, mesmo dolorosa, parecia fundamental para o meu autoconhecimento. No fundo eu sentia como se já soubesse de tudo aquilo. Assim, apesar da mudança radical que aconteceu em minha vida, eu só tinha motivos para agradecer a Deus. Eu não me revoltava nem lamentava o que acontecia.

Quando eu soube que o mandante do assassinato tinha sido o meu pai adotivo, a única coisa que consegui fazer foi orar a Deus e dizer: "Perdoe, pois ele não sabe o que faz". De alguma forma, eu era mais cristã que ele, pois não julgava ninguém e consegui perdoá-lo por essa ação. De certa forma, ele foi o instrumento necessário para que minha prova acontecesse. Como eu poderia viver a prova da orfandade se os meus pais biológicos estivessem ao meu lado? Eu sabia, em Espírito, que viveria essa prova, mas não tinha ideia de como os "contrarregras" criariam a prova.

Vou voltar a esse assunto adiante. Antes vou apresentar um pouco da minha vida sexual, que não foi muito tradicional, mas foi natural e ativa. Por isso, a relação com a minha família adotiva foi abalada. Fui muito julgada e tratada como uma mulher vulgar.

Por volta dos 14 anos de idade, meus hormônios estavam agitados. Ao mesmo tempo, a família alemã que me adotou via o sexo como natural para os homens, mas era muito conservadora em relação à sexualidade feminina. Sexo só deveria ser praticado após o casamento e visando apenas à reprodução, nunca o prazer.

Vivendo esse conflito interior entre a necessidade de descobrir o meu corpo e minha sexualidade, e a ideia de só praticar sexo após o casamento, criei com alguns colegas, tanto meninos como meninas, alguns jogos sexuais. Eu e algumas amigas costumávamos nos masturbar mutuamente, utilizando as mãos e a boca para descobrir o corpo.

Não tinha interesse nos meninos machões, mas acabei me envolvendo com um amigo tímido da escola. Eu gostava de vê-lo se masturbar e estimulava a minha imaginação também me masturbando. Não deixava que ele me tocasse, e eu também não o tocava. Nossa relação se baseava na visão e na imaginação. Enquanto ele se masturbava, eu me imaginava com ele em várias cenas eróticas, e gozávamos quase simultaneamente. Adorava vê-lo ejaculando.

Eu queria sentir ele me tocando, me penetrando, mas nosso acordo não permitia passar daquele limite. Eu me sentia realizada com meu amigo inteligente e tímido. Nele eu confiava plenamente, pois sabia que ele não ultrapassaria as linhas que estabelecíamos.

Em 1914, quando começou a Primeira Guerra Mundial, o meu pai adotivo foi para o combate. Meses antes, minha mãe adotiva tinha falecido. Para eu não ficar sozinha no mundo, ele me fez ir morar com um irmão dele, um homem por quem eu não nutria nenhuma afeição e muito menos qualquer desejo. Quando estava bêbado, ele me forçava a fazer sexo com ele.

Eu não sabia muito bem como lidar com aquela situação. Queria fugir, mas não tinha para onde. Apesar da guerra, daquele homem que me causava asco, da fome que se espalhava pelas cidades... eu só pensava naquele meu amigo de escola. Eu nunca mais o tinha visto e não tinha notícias de seu paradeiro, nem de sua família.

Por volta de 1920, eu o encontrei. Ele pretendia se tornar padre, virar sacerdote, mas o sofrimento que ele viu durante a guerra fez com que resolvesse se tornar médico e ajudar as pessoas. Ele também estava noivo e pretendia se casar em breve. Quando ele me contou do noivado, fiquei feliz por ele, mas desiludida, acreditando que o perderia para sempre.

Enquanto ele me contava sua vida, eu só conseguia me imaginar beijando a boca dele, o pescoço, atrás da orelha. Imaginava minha boca descendo pelo seu corpo. Lembrava-me dele anos atrás se masturbando. Minha boca ficava seca de tanto engolir saliva. Que tesão era aquele que eu sentia por aquele homem? Que vontade de o sentir dentro de mim!

Retomamos nossa amizade e sempre que o via imaginava a mesma cena, até que um dia eu não resisti e coloquei em prática o meu desejo. Foi maravilhoso. Não houve penetração, mas finalmente pude sentir as mãos, a boca e todo o corpo dele.

Ele nunca havia transado com a noiva, o relacionamento entre eles era bem frio. Eles só iriam transar após o casamento, como se esperava de um bom casal cristão. Ele manteve esse acordo com ela, mas comigo, mesmo não tendo penetração, ele saciava seus desejos.

Quando ele contou que tinha marcado a data do casamento, eu não me contive. Ele estava nu sentado em uma cadeira. Vendo seu membro ainda ereto, eu não resisti e disse que queria sentar. Ele tentou resistir, mas acabou cedendo. Foi maravilhoso. Minhas pernas ficaram moles de tanto gozar. Foi uma troca de energia maravilhosa. Era mais que um encontro físico, era um encontro de almas. Ele era o homem que eu queria ao meu lado: sensível, bonito, inteligente e com uma energia sexual que me realizava plenamente.

Era muito diferente se masturbar e ter uma relação sexual completa, como aquela. Apesar de ambas levar ao orgasmo, as energias manipuladas são diferentes. A troca de energia com alguém que se ama renova cada célula de nosso corpo, de nosso campo mental, e a sensação de plenitude é maravilhosa. A masturbação, apesar de natural e de ser importante para conhecer o próprio corpo ou o de um eventual parceiro, não é suficiente para viver essa plenitude propiciada por uma relação sexual com uma pessoa amada.

O destino parecia não estar do nosso lado. Ele estava se preparando para se casar com uma mulher fria e cheia de preconceitos, e eu não conseguia me libertar daquele homem, irmão do meu pai adotivo, que acabou morrendo na guerra.

Novamente perdemos o contato, e depois de algumas semanas descobri que estava grávida. O que eu faria agora? Eu tinha certeza de que ele era o pai. Mas como eu ia contar isso para ele e também para o homem que me sustentava?

Como aquele homem me obrigava a fazer sexo com ele, decidi fingir que o filho era dele. Aliás, eu tinha feito muito mais sexo com ele. Com o homem que eu amava foi apenas uma vez. Logo, a probabilidade daquele outro ser o pai era muito maior. Mas, no fundo, eu sabia quem era o pai do meu filho.

Tentei levar o meu plano adiante, mas aconteceu algo que eu nem imaginava ser possível. Quando contei que estava grávida, aquele homem começou a me agredir. Ele era muito maior e mais forte que eu. De repente ele falou que era estéril e que não poderia ter filhos, assim como o irmão.

Após dizer que não poderia ser o pai da criança que eu trazia no ventre, começou a me xingar. A palavra menos chula foi vagabunda. Mas o que mais me doeu foi quando ele disse que eu deveria ter sido morta pelo irmão enquanto estava na barriga da minha mãe. Falou que foi um erro dele esperar a criança nascer.

Foi nesse momento que eu soube de toda a história. Que eu fui adotada pela pessoa que assassinou meus pais biológicos. Aquele homem continuou descarregando todo o seu preconceito contra o povo cigano, mas, curiosamente, uma gravidez me impediu de ser assassinada mais uma vez.

Décadas atrás, eu não fui morta porque minha mãe estava grávida e, agora, eu não fui morta por estar também grávida. O filho que eu trazia na barriga de algum modo sensibilizou aquele homem violento. Da mesma forma que o irmão, este também se dizia cristão e contra o aborto. A violência que ele praticava, me estuprando frequentemente, parecia ser normal dentro da ótica cristã que ele dizia seguir. O assédio e a violência sexual, assim como o assassinato de grupos como os ciganos, eram normais para ele. Somente o aborto era algo que não poderia acontecer de forma alguma.

Acabei sendo expulsa da casa dele. Aquele homem pediu para eu sumir. Se ele me visse novamente por perto, não teria piedade e me mataria, disse. Parecia que todo o mundo estava contra mim, e o preconceito contra os ciganos, judeus, homossexuais e outros grupos estava cada vez mais forte na Alemanha.

Eu não era vista como cigana, mas, ao ser expulsa da casa daquele homem, não vi outra alternativa senão procurar um grupo de ciganos Rom e contar a eles a minha história. Eu fui acolhida por eles. Fiquei com o grupo até o nascimento do meu filho. Fui bem tratada, mas, como a perseguição aos ciganos estava cada vez maior, o grupo pretendia sair da Alemanha, mas não pretendia me levar. O grupo se ofereceu para cuidar do meu filho, criá-lo dentro das tradições ciganas, mas eu não me encaixaria mais na cultura e não poderia seguir com eles. Além disso, seria mais fácil para mim conseguir sobreviver sem a criança ao meu lado.

Acabei aceitando, por acreditar que o meu filho estaria protegido com o grupo e em outro local mais tolerante. Antes do grupo partir, porém, um dos líderes sugeriu que eu procurasse um médico que atuava em um hospital católico. Segundo ele, tratava-se de um médico muito bom, um grande humanista. Ele era católico, mas respeitava e tratava a todos da mesma forma, não importando se a pessoa era judia, cigana ou de qualquer outro grupo étnico. Ele também era um entusiasta de uma nova filosofia que estava sendo divulgada na Alemanha, o Espiritismo, estudando aquela teoria espiritualista com grande afinco.

Eu fui até o St. Hedwig-Krankenhaus – um hospital criado pela Igreja católica por uma ordem ligada a São Carlos Borromeu – procurar o médico. E qual não foi a minha surpresa ao me dar conta de que se tratava daquele mesmo homem que estudou comigo na adolescência, com quem praticava meus inocentes jogos sexuais que ajudavam a me descobrir e com quem tive a única experiência sexual transformadora, plena de sentido e de prazer.

Perguntei-lhe sobre o casamento e ele me contou que estava viúvo. Lamentei e mudamos de assunto. Ele me falou sobre o Espiritismo, teoria espiritualista que começou a estudar após a morte da esposa, e sobre o seu trabalho naquele hospital. Ele se prontificou em me ajudar, quando soube da minha história.

Em contato com os religiosos que administravam o hospital, eu fui preparada para ser, primeiramente, auxiliar de enfermagem e depois enfermeira. Também comecei a participar ativamente do grupo de estudo sobre Espiritismo que ele conduzia e que reunia pessoas de várias religiões e outros interessados em conhecer melhor a obra de Kardec, Denis e outros arautos do Espiritismo.

Obviamente, começamos a namorar. O amor que eu sentia por ele era intenso, e era correspondido. Dessa vez foi ele que tomou a iniciativa quando nos reencontramos. Levou-me até a casa dele para me mostrar os livros e as revistas espíritas que possuía. Boa parte estava em francês, mas já havia algumas traduções para o alemão.

Mas aquele era apenas um pretexto. Quando se sentiu mais confiante, ele tomou a iniciativa de me beijar. Em seguida, me convidou para ir até o quarto dele. Eu resisti, apenas por charme, porque eu não via a hora de ir.

Quando coloquei a mão sobre o pênis dele e o senti ereto, aí não teve jeito. Fomos para o quarto, tirei a roupa dele e nos amamos loucamente. Fui por cima dele, fiquei de quatro, por baixo... não teve posição que não experimentamos. Praticamente todas as noites eram assim. Nosso amor era intenso, e o nosso desejo também.

Eu estava radiante, estava com o homem que eu amava. Também estudava com afinco, me preparando para atuar naquele hospital ao seu lado. Em pouco tempo, já organizava seminários sobre *O Livro dos Espíritos*, *O Evangelho Segundo o Espiritismo*, dentre outros livros.

A vida na Alemanha não estava fácil. A polarização política, a crise da República de Weimar, como ficou conhecido aquele período da história, entre 1919 e 1933, quando teve início o regime nazista, estava intensa. Mas ainda havia alguma esperança de superar aquela crise dentro do espírito democrático. Aliás, a nossa Constituição era uma das mais progressistas do mundo, e as liberdades individuais começavam, finalmente, a ser respeitadas. Apesar da crise econômica e política, foi um período muito significativo para a construção da democracia, ainda mais para um país acostumado com o militarismo e a monarquia.

Em 1918, as mulheres puderam, finalmente, votar na Alemanha. Lembro-me de ter votado em Marie Juchacz, uma defensora do voto feminino e social-democrata. Ela foi uma das 37 mulheres eleitas para a Assembleia Nacional. A emancipação feminina parecia caminhar a passos largos para a superação de tanto preconceito, inclusive o sexual. Na arte, não era diferente, com muitos artistas rompendo com os preconceitos culturais. Mas, quando Hitler chegou ao poder, em 1933, nossas poucas conquistas foram soterradas.

Tudo foi alvo de perseguição pelos nazistas. As conquistas feministas foram revogadas e associadas ao judaísmo e ao marxismo. Com o nazismo, tivemos um retrocesso no papel da mulher na sociedade. Até mesmo o Espiritismo foi perseguido na Alemanha nazista – livros foram queimados e as associações fechadas.

Apesar de todas essas vicissitudes, nosso amor era cada vez mais intenso. Não deixávamos que nada interferisse em nosso relacionamento. Aliás, quanto mais dificuldades passávamos, mais a nossa união se fortalecia. Sabíamos que um poderia contar com o outro.

Não imaginávamos, porém, o que nos aguardava a partir de 1933, quando começou o III Reich. A perseguição aos judeus, aos ciganos, aos homossexuais, às testemunhas de Jeová e até ao Espiritismo se tornou insuportável.

Por volta de 1936, eu descobri que aquele grupo de ciganos, e junto deles o meu filho, estava em um campo especial destinado a eles. Lá, todos seriam registrados e receberiam uma classificação.

Meu amigo e amante, um médico de certo prestígio, conseguiu me inserir no grupo que faria esse trabalho. Foi a última vez que vi meu filho e meus amigos ciganos. Soube, posteriormente, que alguns anos depois daquela classificação eles foram conduzidos para o gueto de Lodz, na Polônia, e, em seguida, para o campo de concentração de Auschwitz, onde todos foram mortos.

Apesar da dor, eu conseguia manter um equilíbrio diante de tantas atrocidades graças à experiência construída em minhas encarnações no Oriente, ao estudo do Espiritismo e ao companheiro que estava sempre ao meu lado. Apesar da dor que sentia por ter perdido o meu filho, eu não me culpava por tê-lo abandonado. Eu sabia que tinha feito a melhor escolha e que, como éramos Espíritos eternos, um dia eu iria encontrá-lo.

Em meu coração, eu sentia que o Espírito que havia encarnado como meu filho tinha me perdoado. Eu sentia que uma força transcendental me ajudava a viver com equanimidade naquele cenário tão aterrador e cheio de injustiças, pelo menos do ponto de vista humano, e sabia que um pouco da energia que me consolava vinha dele. Onde quer que ele estivesse, estava me ajudando com seu amor incondicional.

Com o início da Segunda Guerra, conseguimos montar um hospital de campanha que ajudava no tratamento dos feridos, independentemente do lado em que se encontravam naquele conflito. Eu era enfermeira e também cozinheira naquele hospital. O trabalho era insano; a tensão, constante. Trabalhávamos praticamente 24 horas por dia. Mesmo assim, quando conseguíamos um tempinho para dormir, apesar do cansaço, encontrávamos energia para nos amarmos.

Tinha dias em que, apesar de toda dor e sofrimento que sabíamos que enfrentaríamos, ao acordar, ainda de madrugada, a primeira coisa que fazíamos era amor. Um pouco antes de pararmos para comer alguma coisa sempre dávamos um jeito de "dar uma rapidinha", como vocês fazem, e, à noite, antes de dormir, não resistíamos um ao outro. Ambos tínhamos muita energia sexual. Quanto mais nos amávamos, mas tínhamos vontade de ajudar o próximo, de trabalhar para amenizar tanto sofrimento causado por aquela insana guerra.

Nossa vida sexual nos ajudava a ter saúde mental para viver naquele mundo; tínhamos esperança de que aquele pesadelo um dia iria acabar. Com a mesma entrega que vivíamos o nosso amor, nos entregávamos, do lado de fora de nossa pequena casa, ao nosso foco social, que, naquele momento, era socorrer os feridos, tanto os soldados de todos os lados do conflito como os civis, independentemente de serem católicos, judeus, protestantes, marxistas, nazistas, ciganos, homossexuais...

Nosso trabalho perdurou, com todas as dificuldades enfrentadas, até o momento em que o hospital de campanha foi bombardeado, sendo completamente destruído. Soldados, médicos, enfermeiros e as demais pessoas que lá estavam morreram vítimas daquele forte ataque. Encerrava-se, naquele instante, minha última e derradeira encarnação na Terra.

Parte II

Superando a fase humanizada do Espírito e vislumbrando a fase angelical

Nesta parte do livro vou descrever como foi a minha vida no mundo astral, do momento em que desencarnei até o começo do século XXI, quando me afastei de todos os trabalhos que realizava para começar a me preparar para uma nova etapa em minha vida, superando a fase humanizada para dar início à fase angelical do Espírito.

Capítulo 4

Conhecendo a equipe do Dr. Bezerra de Menezes e o trabalho no Espiritismo, na Umbanda e na Apometria

Ninguém sobreviveu àquele bombardeio. Praticamente não sentimos nada, em questão de segundos estávamos desencarnados, mas eu acreditava piamente que ainda estivesse encarnada e saí procurando meu companheiro e outras pessoas pelo escombro. Meu corpo físico havia desaparecido. Se eu o visse por lá, talvez levasse um susto e me questionasse se estava "viva" ou "morta". O fato é que nem passou pela minha cabeça que meu corpo havia explodido e eu estava desencarnada.

Eu via e tocava o meu corpo astral sem nenhum ferimento e achava que tivera merecimento para não sofrer sequer um arranhão. Passaram-se alguns dias naquele cenário confuso em que eu vagava procurando por conhecidos, até que surgiu em minha frente um socorrista desencarnado e me disse que não tínhamos muito tempo: a minha ajuda estava sendo requisitada. Ele tocou levemente minha testa e apaguei.

Quando acordei, estava em uma cama em um hospital que não conhecia. Comecei a desconfiar que meu corpo físico tinha sido destruído com as bombas e que eu estava novamente desencarnada. Eu ainda não me lembrava das vidas passadas, ainda estava ligada ao ego que eu criara para aquela encarnação. Mas a leitura de livros espíritas me fazia desconfiar de que todos que estavam naquele hospital de campanha haviam morrido durante o bombardeio.

Finalmente encontrei o meu companheiro e outras pessoas que foram levadas para uma espécie de auditório, onde tivemos acesso aos momentos importantes de nossa encarnação. Foi lá também que conhecemos várias equipes de Espíritos que trabalhavam para amenizar o sofrimento da guerra.

Até mesmo os encarnados feridos eram atendidos por médicos desencarnados que intuíam os médicos da Terra e ministravam passes e outros tratamentos. Os que desencarnavam eram socorridos e levados, ou para hospitais, ou para colônias espirituais, alguns imediatamente.

Meu companheiro acabou sendo integrado à equipe do Dr. Bezerra de Menezes, que atuava na Alemanha, e quando a guerra acabou, em 1945, acabou vindo para o Brasil, integrando a equipe desse importante expoente do Espiritismo.

Ele nunca havia encarnado no Brasil e adotou Dr. Felipe como codinome, ficando conhecido em alguns centros como membro da equipe do Dr. Bezerra de Menezes. Em alguns locais, ele também se manifestava mediunicamente, mas preferia mesmo ajudar com seu conhecimento médico. Ele não atuava somente no Brasil, também passou a integrar uma equipe de médicos espirituais que atuava no Oriente Médio, no Japão e em outros locais, inclusive na ala astral do St. Hedwig-Krankenhau, que conseguiu se reerguer e até hoje é um dos mais importantes hospitais de Berlim.

Junto ao seu conhecimento da Terra, ele logo adquiriu outras competências, como conseguir separar mentalmente cada sistema fisiológico e o observar isoladamente. Ele fazia uma "varredura" em um paciente e observava sua estrutura óssea da cabeça aos pés em busca de alguma fissura, examinava todo o sistema digestivo em busca de algum problema e assim por diante. Também fazia cirurgias espirituais, atuando com diferentes médiuns.

Após a minha preparação, eu também vim parar no Brasil, onde também nunca tinha encarnado. Inicialmente, eu adotei a postura simbólica de freira, a irmã Aline, ajudando nas cirurgias espirituais. Aprendi a fazer "refeição" com a energia cósmica que na Índia chamávamos de prana.

A cidade onde mais atuei foi justamente em São Carlos, no interior do Estado de São Paulo. Foi o nome da cidade que me atraiu. O hospital onde trabalhei em minha última encarnação era administrado por freiras da ordem de São Carlos Borromeu.

Eu era imensamente grata a elas, que me acolheram e me ajudaram, tanto que, ao saber que no Brasil tinha uma cidade que levava o nome do padroeiro daquela ordem, foi ela que escolhi para concentrar o meu trabalho. A cidade também está muito bem localizada, bem no centro do Estado, e com uma grande concentração de centros espíritas e espiritualistas.

Mesmo fora do meio espiritualista, eu passei a trabalhar com um grupo de enfermeiras, fisioterapeutas, terapeutas ocupacionais, nutricionistas, médicas e outras mulheres que desencarnaram na Alemanha e, a partir da década de 1980, começaram a encarnar no Brasil. Eu e uma equipe de desencarnados acompanhamos e trabalhamos com elas, intuindo para que melhor desempenhem suas atividades do campo da saúde pública. Todas elas se conhecem do lado de cá e costumam se reunir durante o desdobramento propiciado pelo sono. Muitas não se lembram de nada do que acontece nesses encontros, mas acabam colocando em prática tudo o que aprendem nessas reuniões no astral.

Na década de 1950, já com uma relativa experiência no Brasil, eu fui convidada para ajudar na implantação da Apometria e, como consequência, acabei também conhecendo a Umbanda. Fiquei encantada com aquela diversidade cultural que também existe no astral de outros países, mas que no Brasil é algo fascinante. Milhares de Espíritos utilizando a forma simbólica de pretos-velhos, indígenas, crianças, Exus, dentre outras posturas. Também Espíritos com longa tradição na China, no Japão, na Índia e em outros locais do Oriente se preparando para atuar, criando o que veio a se chamar de Linha do Oriente. Foi para participar dela que eu fui convidada.

Os ciganos também faziam parte dessa linha e, mesmo não deixando de trabalhar nos centros espíritas, eu quis também servir na Umbanda. Eu poderia escolher qualquer postura simbólica, mas optei por trabalhar como a Cigana Esmeralda do Oriente, como vou relatar com mais detalhes no próximo capítulo, atuando no campo da cura, da sexualidade e da alimentação.

Os Espíritos que já haviam passado pela "segunda morte", ou seja, já não tinham mais o perispírito, eram os mais universalistas, trabalhando em qualquer lugar, uma vez que queriam apenas servir a Deus. Já os que ainda estavam se adaptando à nova vida, e ainda não tinham condições de se desligar do perispírito, costumavam ser muito apegados às religiões que tiveram na Terra, na sua última encarnação, e só queriam trabalhar em templos budistas, em igrejas católicas ou evangélicas, e assim por diante.

Eu ia a todos os lugares e acabei até participando de grupos espirituais que davam passes nas Igrejas Evangélicas, durante as orações dos fiéis. Eventualmente, pessoas com vidência diziam ter visto o Espírito Santo. Eu me divertia com isso. Outro Espírito que atuava como Exu nos trabalhos de Umbanda também se divertia e dizia: "Durante as palestras, o pastor faz eles ficarem com medo de mim, dizendo que sou o demônio, mas quando estamos aqui, limpando eles, somos o Espírito Santo".

Do lado de cá, o intercâmbio é muito grande. A divisão que existe na Terra entre as religiões e os países não existe aqui, pelo menos para os mais universalistas. Quando uma guerra acontecia e nossos trabalhos eram solicitados, dirigíamo-nos para lá na velocidade do pensamento. A comunicação nunca era um problema, pois nos comunicamos também pelo pensamento. Com todo esse trabalho, não sentia mais necessidade de reencarnar ou saudade da Terra, no sentido de necessitar de um corpo físico e vivenciar mais uma vez sensações e outras experiências que só são possíveis tendo um corpo físico.

Esse sentimento não dá para descrever. Sinto-me grata pelas oportunidades que tive de viver a fase humanizada do Espírito, mas não tenho apego a absolutamente nada. Para mim, todas as posturas simbólicas que adotei foram importantes. Mas eu tenho consciência de que eram posturas necessárias para o trabalho nos Centros Espíritas, na Umbanda, na Apometria ou em outro local, eu não era aquelas posturas simbólicas. Eu era e sou um Espírito eterno que completou a fase humanizada e, em breve, vai começar a se preparar para a fase angelical.

Após o meu desencarne, eu já sabia que não precisaria mais encarnar na Terra e em pouco tempo poderia me libertar do meu perispírito, que era bem sutil e praticamente não afetava minha consciência espiritual. Por isso eu conseguia com facilidade moldá-lo com a força do pensamento.

Eu até poderia reencarnar novamente, mas para realizar alguma missão. Não havia mais expiação nem provas para vivenciar. O próximo passo seria começar a me preparar para a fase angelical, assim que eu perdesse o perispírito. Eu sabia também que esse processo faria com que eu dificilmente tivesse condições de participar do intercâmbio mediúnico com os encarnados.

Para isso acontecer, eu teria de criar, com a energia cósmica, um perispírito provisório e, após a reunião, desmanchá-lo. Esse processo é um tanto desgastante e, por isso, prefere-se que o trabalho mediúnico seja feito por Espíritos que estão se libertando do ego e que ainda estão vivendo a fase humanizada do Espírito. Como já foi salientado, são Espíritos que possuem uma afinidade vibracional com o médium.

É importante salientar que a relação entre os Espíritos é sempre horizontal, e não vertical. Eu não sou superior a ninguém. Acontece que alguns estão mais presos ao ego e outros não. No que se refere à "iluminação", todos são iguais.

Minha "segunda" e definitiva "morte" aconteceu em meados da segunda década do século XXI. Sem ter mais o perispírito, não tinha sentido criar um provisório apenas para atuar como enfermeira nos trabalhos mediúnicos kardecistas ou com outras posturas simbólicas, tanto na Umbanda como na Apometria. Milhares de Espíritos precisavam fazer esse trabalho. Era como se eu precisasse me aposentar para abrir uma nova vaga.

O único trabalho que fiz, antes de iniciar minha preparação para a fase angelical do Espírito, foi o de coordenar um trabalho com outros Espíritos que atuavam como Cigana Esmeralda em vários terreiros espalhados pelo Brasil. Eles ainda precisavam reencarnar e tinham afinidade com os médiuns que iriam incorporar. Eu brincava que aquela era a minha "franquia". Em nossas reuniões, eu plasmava um perispírito no plano astral para se fazer visível a eles. Mas quem se manifestava nos terreiros eram eles, usando aquela postura simbólica chamada de Cigana Esmeralda.

Apesar de o Espírito não envelhecer, ele adquire mais responsabilidades conforme ganha mais experiência de vida e sabedoria. Eu precisava "ascensionar", abrir a minha vaga na Terra para um outro Espírito. Como se diz na Bíblia, há várias moradas na casa do Pai e, quando um Espírito sobe um andar, ele permite que outro ocupe o seu lugar. Isso também é uma forma de caridade.

Como integrante da linha oriental, eu participei, como já salientei, também da implantação ou da reintrodução da Apometria em solo brasileiro – trabalho que hoje já se expande por outros países. Neste trabalho, eu utilizava a postura simbólica de uma hindu cujo codinome era Flor de Lótus. Eu usava roupa na tonalidade azul-clara e empregava técnicas como aromaterapia, cristaloterapia, dentre outras, no atendimento aos consulentes.

Fui convidada a trabalhar na Apometria por ela ser uma técnica de "magia branca", ou seja, que utiliza a força mental para fazer o bem. Durante muitas encarnações no Oriente, eu acabei me envolvendo com a "magia negra" e fui também escravizada por "magos negros", conforme descrevi no livro. Em virtude desse comprometimento no passado, fui convidada para essa missão e, como já salientei, quando isso ocorre, o Espírito não toma como um convite, mas como uma convocação.

Foi através da Apometria e também da Regressão de Memória que participei de um dos trabalhos mais emocionantes, conduzido pelo Espírito que viveu na Terra, em sua última encarnação, como Viktor Frankl. Esse trabalho consistiu em ajudar a resgatar desencarnados ainda presos nos campos de concentração nazistas, assim como de Espíritos que encarnaram depois de 1945, muitos no Brasil, e que na vida passada tiveram de passar pelas agruras do nazismo e ainda sofriam influências desse passado tenebroso.

O trabalho do qual participei foi dividido em duas etapas, que receberam os seguintes nomes: Operação Auschwitz e Operação Mauthausen, voltados a limpar as energias estagnadas e resgatar desencarnados presos nesses dois campos de concentração, respectivamente, na Polônia e na Áustria. Na realização desse trabalho, participaram Espíritos já desligados do ego, Espíritos desencarnados ainda presos ao ego, mas com uma mentalidade mais universalista, e encarnados que atuavam em grupos de Apometria e também com outras técnicas, dentre elas a Regressão de Memória.

Esse trabalho teve início no começo do século XXI, assim que o Espírito que viveu como Viktor Frankl recuperou sua consciência espiritual. Ele desencarnou em 1997, após ter completado sua missão. Em 1942, ele foi deportado para campos de concentração e, em 1946, escreveu um de seus mais impactantes livros, contando sobre sua experiência de vida em quatro campos. Sua abordagem terapêutica é considerada revolucionária, tendo no campo da psicologia um impacto similar ao do livro *A Crítica da Razão Pura*, de Immanuel Kant, para a filosofia.

Esse Espírito missionário que criou a Logoterapia, assim que recuperou sua consciência espiritual plena, após o desencarne, foi convidado a coordenar esse trabalho de limpeza energética em vários campos de concentração. Cada operação levava o nome do respectivo campo e, como salientei, trabalhei em dois: na Operação Auschwitz e na Operação Mauthausen.

Vou relatar aqui uma das falas mais emocionantes desse Espírito, quando ele apresentou o que seria feito para uma equipe de encarnados e de desencarnados que se preparavam para o trabalho. Os encarnados, em desdobramento, eram orientados sobre o que aconteceria. E muitos, mesmo não se lembrando das informações ao acordar, seguiam de forma inconsciente todo o planejamento elaborado.

A operação Auschwitz é um trabalho espiritual que visa auxiliar no resgate de encarnados e desencarnados que, de alguma forma, ainda se encontram presos às energias do nazismo. Muitos que desencarnaram em campos de concentração ou em outras circunstâncias estão encarnados no Brasil. Ainda há muitos desencarnados em sofrimento, presos a essas vibrações enfermiças de dor e sofrimento.

Nas experiências de Regressão de Memória, sejam elas espontâneas ou provocadas com o uso da hipnose, da apometria ou da captação noética, muitas pessoas trazem para o consciente fatos e situações daquela vida passada e conseguem se libertar. Porém, não se trata de uma solução individual, uma vez que Espíritos desencarnados ligados àquela pessoa ou experiência também se libertam. É um tratamento coletivo que desperta várias consciências simultaneamente.

Muito já foi feito, sem dúvida, mas muito ainda há para ser feito até que a Terra possa, de fato, se preparar para ser um "mundo de regeneração". A Operação Auschwitz começou há décadas, de forma modesta e sem alarde. Nos últimos anos, seu trabalho tem se intensificado e acontece em várias partes do mundo, não se restringindo ao Brasil.

Sou grato aos amigos encarnados e desencarnados que auxiliam nesse trabalho tão gratificante e a Deus por me permitir ser um de seus colaboradores.

Apesar da minha colaboração ter sido mais intensa nos atendimentos de Apometria e de Regressão de Memória, a Operação acontecia também em outros locais, como em terreiros de umbanda, em templos budistas, durante uma missa em alguma igreja católica e em muitos outros lugares. Em todo local onde a energia possibilitava ajudar no socorro de encarnados e desencarnados que estavam ainda presos àquela energia deletéria, havia uma equipe ligada ao Espírito que viveu como Dr. Viktor Frankl atuando.

Uma das experiências mais interessantes aconteceu durante um curso de Terapia Vibracional Integrativa (TVI), em São Carlos. Intuímos a pessoa que daria o curso a organizar uma regressão coletiva durante as práticas. Porém, fomos cuidadosos ao selecionar as pessoas que fariam o curso. Todas tinham morado na Europa e viveram um mesmo fato: a fuga da Dinamarca para a Suécia, em 1943, em pequenos barcos de pesca.

Quando a prática começou, com todos os participantes deitados em colchonetes, o coordenador do curso fez uma indução para o grupo relaxar. Nesse momento, a equipe espiritual que acompanhava o trabalho se posicionou ao lado dos participantes e conduziu um desdobramento. Os participantes receberam um tratamento, despolarizando algumas das imagens presentes no inconsciente de cada um, além de energias estagnadas no corpo astral e mental, que remetiam àquela experiência na Dinamarca e que poderia causar pânico, a sensação de estarem sendo perseguidos, dentre outros fenômenos psíquicos gerados pelo trauma vivido naquela existência.

Conseguimos extrair da memória espiritual de cada participante a imagem mais marcante daquela experiência e trazê-la para o consciente, para o ego. Quando o coordenador do curso deu um comando para cada um acessar uma lembrança de uma vida passada em que todos daquele grupo estavam reencarnados, ajudamos a trazer a imagem para o consciente.

Quando a atividade acabou e o grupo começou a relatar o que tinha acessado durante a regressão coletiva, cada um, dentro de sua perspectiva, contribuiu para criar um quadro elucidativo daquela experiência na Dinamarca. Enquanto um relatava que via neve e coníferas, outro falava do frio que sentia e outros, ainda, do medo de serem descobertos e, enfim, da própria fuga.

Intuímos o coordenador do curso a fazer uma rápida pesquisa pela internet e, rapidamente, ele encontrou o que esperávamos: informações sobre a fuga de judeus da Dinamarca para a Suécia. Assim que ele leu a matéria para o grupo, uma das participantes relatou que sua bisavó era dinamarquesa, mas ela não sabia dizer como foi que a família veio parar no Brasil. Nós, do lado de cá, sabíamos, mas não era ali o local para contar. Nem mesmo que ela e a bisavó foram personalidades criadas pelo mesmo Espírito.

O importante naquele momento era limpar toda aquela energia que ainda atuava de forma inconsciente. Mesmo sem saber, por exemplo, que viveu aquela fuga da Dinamarca, energias relacionadas ao fato ainda impregnavam o corpo astral e afetavam a vida presente daquele Espírito hoje vivendo o papel de bisneta. Além da limpeza realizada naquele grupo, durante a prática, desencarnados que não foram salvos, mas que tinham relações com alguém daquele grupo, acabaram sendo atraídos e, enfim, resgatados e levados também para colônias e hospitais.

Outro caso que acompanhei de perto e no qual ajudei, durante a regressão de memória, foi a de uma mulher que na vida atual se vestia como homem. Ela não se considerava trans nem lésbica, apenas gostava de usar roupas masculinas. O mentor dela resolveu que seria importante ela fazer uma Regressão de Memória e solicitou a minha ajuda. Nós a intuímos para procurar a terapia no centro espiritualista no qual trabalhávamos.

Na vida atual ela era professora de yoga e artesã. Tinha pouco mais de 20 anos de idade e, ainda adolescente, deixou a casa dos pais e foi ganhar o seu próprio dinheiro, tornando-se uma pessoa independente. Mas ela vivia estressada por não conseguir ficar parada; isso a incomodava muito.

O atendimento combinou a Regressão de Memória, quando a própria pessoa acessa as informações presentes em seu inconsciente, com a Captação Noética, em que uma sensitiva é que acessa as informações. A jovem e a sensitiva acessaram, com a nossa ajuda, várias encarnações. A vida passada que a afligia com mais profundidade foi a que aconteceu na Alemanha. Ela vivia em um porão com os pais e irmãos menores. A casa era da família, mas, por serem judeus, alugaram a casa e se instalaram no porão, escondendo-se.

Os seus pais, porém, foram descobertos e levados pelos nazistas. E ela ficou só para cuidar dos irmãos menores. O irmão caçula não parava de chorar e, para não serem descobertos, ela teve que tomar uma decisão difícil. Para salvar os demais, ela precisou deixar o menor como "isca" para ser capturado pelos nazistas. Ela teve que abandonar a própria casa, e o fato de ter abandonado o irmão menor a fez sofrer muito. Ela não se perdoava, consumia-se pelo remorso. Para conseguir sobreviver, e cuidar dos demais irmãos, começou a se vestir como homem e conseguiu um emprego vendendo jornais na cidade.

O tratamento consistiu em dar passes com energias que a ajudassem a se perdoar. Os encarnados impunham as mãos e os desencarnados faziam as limpezas necessárias. Depois de um tempo, ela não sentia mais necessidade de se vestir como homem ou de se esconder. Pouco tempo depois, ela acabou engravidando e recebeu em seus braços o Espírito que no passado foi o irmão caçula abandonado.

Além do trabalho que a equipe de encarnados fazia, seja através da Apometria ou conduzindo as Regressões de Memória, estes também atuavam durante o desdobramento, pois vários tratamentos continuavam acontecendo, mesmo após a atividade realizada na terceira dimensão.

Para que pudessem se lembrar de algumas experiências vivenciadas no Astral, eu e outros membros da equipe também ajudamos na organização de sonhos com fragmentos das atividades realizadas, enquanto entrávamos no "teatro mental" daqueles desencarnados que estávamos resgatando.

É importante explicar que o mundo astral é uma dimensão na qual as coisas são criadas pela força mental. Assim, quanto mais enfermiça for a mente, mais opressora e negativa é a criação. São os famosos umbrais.

Em muitos casos, os desencarnados estavam presos em suas criações mentais, e somente entrando nelas é que conseguíamos despertá-los. Eis a razão de muitos dos encarnados que ajudaram durante os atendimentos terem sonhos realísticos com os campos de concentração, com guerras, perseguições, torturas, dentre outras vicissitudes.

No caso da Operação Mauthausen, um dos sonhos relatados por um dos participantes encarnados é significativo. Ele sonhou que estava em um trem e que desceu em uma estação. Junto com outras pessoas seguiu por um trajeto que formava uma grande letra *L*. Eles foram parar em frente a um portão, e lá a pessoa que relatou o sonho informa para as outras pessoas que seria ali que fariam um sarau.

No dia seguinte, pesquisando na internet, ele acabou localizando a entrada do campo de concentração de Mauthausen e viu que era exatamente como no sonho. O trajeto da estação de trem até lá forma, realmente, uma letra *L*. A única coisa que ele não entendeu foi sobre o sarau. Porém, o sarau aconteceu. Ele não sonhou com o sarau, mas o mesmo foi realizado para um grupo de Espíritos que ainda se viam presos naquele campo. Eles ignoravam que estavam desencarnados, e o sarau organizado ajudou a resgatá-los.

Em suma, foi necessário entrar no "teatro mental" daqueles desencarnados para ajudá-los a sair daquela criação mental. A arte e a poesia foram instrumentos utilizados para essa sensibilização. Todos foram retirados de lá e levados para uma colônia espiritual.

Para concluir que os sonhos que ele vinha tendo estavam relacionados com o campo de Mauthausen, ajudamos na elaboração de outro sonho muito curioso. Ele se via no topo de uma grande escada de pedra. Ele começa a descê-la, parando no meio, e passa a observar a paisagem do lado esquerdo. Ao acordar com aquela imagem bem nítida na mente, o estimulamos a procurar na internet por escadas de pedras. Ele, rapidamente, encontrou uma imagem da escada existente dentro do campo de concentração. A partir daquela imagem, não tinha como ele não associar aqueles sonhos com aquele campo na Áustria, pois logo viu imagens da entrada do mesmo, lembrando-se do sonho relacionado ao sarau.

Para a limpeza daquele campo de concentração localizado na Áustria, contamos também com a participação de um Espírito que em sua última encarnação teve um papel importante na economia brasileira. Era um empresário que exportava o café do Brasil para o continente europeu e, quando a Segunda Guerra começou, ele voltou para a Europa e se tornou espião, ajudando os aliados na guerra contra os nazistas.

Ele acabou sendo preso e desencarnou no campo de concentração poucos dias antes da libertação. Estamos falando do Espírito que em sua última existência na Terra viveu como Franz Josef Messner e que, junto com aquele que vivenciou a personalidade de Viktor Frankl, foi um dos meus "anjos da guarda" nesse período de transição entre a minha última encarnação e o início da preparação para "ascensionar", ou seja, dar início à minha experiência na fase angelical do Espírito.

A participação nessas duas operações – Auschwitz e Mauthausen – foi o último trabalho que realizei na Terra antes de "subir" e começar a me preparar para vivenciar uma nova etapa evolutiva, agora não mais como um Espírito humanizado, mas trabalhando para ser um Espírito angelical.

Não sei ainda o que me aguarda, por isso mesmo não tenho nada a dizer ou a adiantar sobre a fase angelical do Espírito. Mas, para encerrar este livro, vou expor, finalmente, um pouco da minha experiência como Cigana Esmeralda nos trabalhos de Umbanda, atuando dentro da Linha do Oriente, uma lembrança que vou guardar com carinho por toda a eternidade. Utilizando essa postura simbólica, tive a oportunidade de ajudar em vários trabalhos de cura, a maioria relativos a transtornos relacionados com a sexualidade, além de magias utilizando o poder dos alimentos.

Também vou, finalmente, revelar o que significam aqueles triângulos dourados que alguns videntes enxergavam na barra da minha saia verde. Muitos achavam que eram apenas enfeites, mas eles tinham um significado muito importante para mim.

Capítulo 5

A linha do Oriente e a atuação através da postura simbólica de Cigana Esmeralda

Quando desencarnei, em minha última passagem pela Terra, o que veio a ser chamado de Linha do Oriente na Umbanda estava se constituindo. Os livros de Ramatis apresentavam uma perspectiva diferente, abordando o vegetarianismo, a integração universalista entre as várias correntes espiritualistas, dentre outros assuntos pouco compreendidos.

Esse autor espiritual era criticado por vários grupos espíritas, sobretudo por causa do livro sobre a vida em Marte. Aqui, o objetivo não é polemizar, mas apenas elucidar um pouco essa questão. É importante salientar apenas uma coisa: em todos os Orbes há vida espiritual acontecendo. Em alguns, os Espíritos estão na fase humanizada e, em outros, estão vivenciando outras fases. O ego, como aqui conceituamos, existe na fase humanizada do Espírito. Mas, em cada um, o ego tem características diferentes, próprias das provações que devem ser vivenciadas.

Por exemplo, aqui na Terra, as filosofias do Oriente esclarecem que o ego possui cinco atributos. Vou voltar a falar deles ainda neste capítulo, mas agora vou citar apenas os dois primeiros. O primeiro atributo é perceber o mundo em três dimensões. Isso limita demais a percepção do mundo. Obviamente, é uma percepção mais ampla do que aquela dos animais, que percebem o mundo em uma ou duas dimensões, mas é uma forma reduzida de perceber a realidade. Ligada a esse atributo está o segundo, que é a percepção limitada aos cinco sentidos. Hoje sabemos que cada sentido tem suas limitações. Há ondas visuais, olfativas, sonoras e outras que não sensibilizam o Espírito humanizado e encarnado.

Justamente por isso não percebemos a matéria presente na quarta dimensão, ou mundo astral, onde estão, inclusive, os desencarnados iludidos pelo ego ou que trabalham para conseguir limpar o perispírito e passar pela "segunda morte".

A relação entre a terceira e a quarta dimensão é intensa, mas o ego do Espírito humanizado e encarnado na Terra não é capaz de perceber. Em muitas casas, Espíritos protetores ficam tomando conta para que zombeteiros e outros não entrem nelas, assim como há objetos que podem irradiar energias positivas ou negativas no ambiente, sem que ninguém veja. Mas é possível sentir o impacto delas no humor das pessoas que lá residem, inclusive no comportamento de animais, como cães e gatos.

A quarta dimensão, ou o mundo astral, tem mais relação com a Terra do que com o plano espiritual propriamente dito. Podemos dizer que o ego materializa o mundo astral em vez de espiritualizá-lo. É por isso que lá encontramos também igrejas, centros e outros locais muito semelhantes com os vistos na Terra. Os desencarnados que lá residem, em escala diferente de valor, ainda se sentem apegados à vida material.

O ego do Espírito humanizado encarnado na Terra, além de não conseguir transformar em realidade o que está bem ao seu lado, envolvendo-o, que é a dimensão astral, também não é capaz de ver o que acontece nos demais planetas e satélites do sistema solar.

Posso garantir que o ego de alguns Espíritos que vivenciam suas experiências em Marte ou em outro planeta permite, por exemplo, que ele acompanhe o que acontece na Terra. De lá ou ao lado de vocês, eles podem muito bem saber exatamente o que vocês sentem, pensam e fazem. Seu vizinho pode não saber o que acontece dentro da sua casa, mas aqueles, se tiverem curiosidade, podem muito bem saber.

Mas o importante agora é falar da Linha Oriental que atua na Umbanda, uma religião Universalista, e em outras perspectivas espiritualistas, como é o caso da Animagogia, e de técnicas medianímicas como a Apometria.

Apesar de os Espíritos associados ao Oriente participarem dos trabalhos de cura, com imposição de mãos, água fluidificada e outros recursos, a chamada Linha do Oriente valoriza, sobretudo, o autoconhecimento e a transformação interior. Esse é o objetivo principal dos trabalhos de Animagogia, ou de educação espiritualista.

Obviamente, se há merecimento para uma cura física, ela acontecerá. Mas o importante de todo o trabalho de Animagogia realizado com a participação da Linha do Oriente é a transformação interior, ou melhor, o processo metanoico que possibilite viver com habilidade espiritual a vida humanizada e encarnada do Espírito, despertando, assim, os atributos do Espírito.

Enfatizando: mesmo que em algum trabalho seja possível a realização de curas, sobretudo do corpo físico, o que a Linha do Oriente valoriza é despertar espiritualmente o encarnado e também os desencarnados ainda iludidos pelo ego, ajudando-os a compreender os mecanismos da reencarnação e as regras para se vencer o mundo de provas e expiações. Observe que falei em vencer *o* mundo de provas e expiações e não em vencer *no* mundo de provas e expiações. Com muita frequência, quem vence neste mundo, raramente, vence o mundo e, por isso, precisa de novas encarnações para superar o ego.

Os ensinamentos espiritualistas que trazemos visam ajudar a compreender qual é o objetivo da encarnação e da reencarnação, na fase humanizada do Espírito, para que ele possa fazer a mudança interior que consiste, basicamente, em viver, como salientei, com habilidade espiritual a vida cotidiana. Em outras palavras, o Espírito, enquanto goza de sua consciência plena, consegue avaliar sua condição e planejar uma nova encarnação para passar por expiações, vivenciar as provas escolhidas voluntariamente e até realizar missões.

Após tal escolha, é criado o personagem ou o ego que ele vai representar no palco da vida humanizada. Como o Espírito não tem sexo, raça ou está ligado a um país exclusivamente, esses são alguns dos elementos que o Espírito tem à sua disposição para criar o personagem que o representará, de forma similar aos *avatares* dos jogos de computador.

Como vocês já aprenderam em outros livros desta coleção, cada país é como uma quadra esportiva, com as demarcações adequadas para o tipo de jogo que vai ser ali praticado. E a vida cotidiana, após a encarnação, vai girar em torno das escolhas feitas antes de encarnar, uma vez que nosso principal patrimônio, o livre-arbítrio, foi basicamente exercido antes da encarnação, durante a escolha do gênero de provas ou de existência, uma vez que a encarnação é feita por provas, expiações e missões.

Como já salientamos, o Espírito escolhe as provas, e estas serão criadas por Deus através de seus mensageiros, que eu chamo também de "contrarregras", que são aqueles trabalhadores que ficam atrás do palco ajudando a criar a cena na qual os atores representam os seus papéis no teatro, ou os palhaços, trapezistas e outros artistas no circo.

Na vida encarnada do Espírito humanizado não há espaço para o acaso. Mas, ao mesmo tempo, nada acontece que não esteja contemplado no gênero de existência escolhido pelo Espírito antes de encarnar.

Como o Espírito consegue vencer o ego? Primeiramente, o Espírito traz em sua consciência as leis universais, mas elas se encontram no inconsciente durante sua humanização e encarnação nos "mundos de provas e expiações". O Espírito sabe que só se vence o ego não acreditando nele, desconstruindo assim os seus cinco atributos, atributos estes que agora eu vou revelar.

A percepção do mundo em três dimensões e as sensações e as percepções criadas pelos cinco sentidos já foram abordadas. Os outros três atributos são: as emoções criadas a partir das percepções limitadas, as formações mentais que buscam justificar nossas emoções e sentimentos e, por fim, a memória, que nos dá uma noção de identidade e nos faz acreditar que somos o ego, o personagem, e nos faz sofrer, uma vez que não esquecemos as mágoas ou as dores que alguém causou em nós.

No caso das emoções, vamos sofrer se um amigo ou parente desencarna. Mas, se tivéssemos a oportunidade de ver o Espírito se desligando cheio de Luz, caso ele tenha vencido suas provas, nós ficaríamos tristes? Muitas vezes, ver um corpo físico tomado por uma enfermidade é desagradável. Mas, ao mesmo tempo, o Espírito que está se desligando dele irradia uma Luz intensa e seu corpo astral é belo e formoso. Nós, enquanto encarnados, sofreríamos como sofremos se tivéssemos a oportunidade de contemplar esse fenômeno?

É por isso que, para viver a fase humanizada na Terra, não temos acesso à Realidade. Nossos sentidos e nosso cérebro físico funcionam como um redutor de realidades. Nesse contexto, quanto mais apego ao personagem, mais sofremos com os altos e baixos da vida, as vicissitudes. Mais alternamos desespero e euforia, em vez de passarmos por tudo isso com habilidade espiritual, ou seja, com equanimidade, paz interior, amor universal, sendo felizes incondicionalmente e sem perder a fé.

Estes são alguns dos atributos do Espírito, que se encontram adormecidos. Viver com habilidade espiritual é despertá-los e viver nossa encarnação não mais através do ego, mas através deles.

Libertar-se do ego não é possível enquanto estamos encarnados. Isso vai acontecer somente após a morte, e não durante a encarnação. Mas é possível vencê-lo, e isso é feito não acreditando em suas verdades ilusórias. Ou seja, não acreditar que a Realidade é formada por nossa percepção do mundo em apenas três dimensões ou naquilo que nossos sentidos e cérebro transformam em realidade para nós. Somente assim, não acreditando no ego, é possível viver com habilidade espiritual a vida humanizada.

É importante sempre esclarecer que o Espírito não é humano, mas se humaniza, e é na fase humanizada que acontecem as provas e expiações e que a vida passa a ser regida pelo *carma*. O Espírito que está vivenciando a fase animalizada não conhece a lei do *carma*. Ele não tem ego, pelo menos não no sentido exposto anteriormente. Somente na fase humanizada, quando passamos a ter a intencionalidade guiando nossos atos, é que passamos também a viver em função do *carma*, ou seja, é na fase humanizada que passamos a colher o que plantamos.

Com base nesse princípio, podemos dizer que temos a matéria, originada a partir da energia cósmica e que não é criação da mente humana. Mergulhado nessa energia está o Espírito. A matéria não é criada pela mente humana, mas ela é providencial para que as provas escolhidas voluntariamente pelo Espírito possam acontecer.

A mente afeta a matéria, sobretudo a que forma o corpo físico. Uma mente equilibrada e em harmonia ajuda a manter o corpo saudável ou até mesmo recuperá-lo, por exemplo, de uma gastrite, de uma inflamação ou de outro problema. Ajuda também a ter equilíbrio caso o Espírito humanizado precise passar uma encarnação em uma cadeira de rodas, sem um determinado membro ou outra situação que pode se dever à expiação, prova ou missão. Como já salientei, do ponto de vista do Espírito humanizado e encarnado, não dá para saber se o que estamos passando é prova, expiação ou missão. O fato pode ser o mesmo, mas para cada Espírito humanizado e encarnado pode ser um processo diferente.

Por exemplo, um Espírito humanizado pode ter de viver uma encarnação em uma cadeira de rodas por expiação, em função de alguma atitude equivocada no passado. Mas pode também ser uma prova que escolheu para ver se consegue manter a equanimidade diante desse desafio. Pode ainda ser uma missão, ensinando outros Espíritos humanizados e encarnados a viverem felizes, independentemente da situação em que se encontram.

Vamos agora usar um exemplo polêmico sobre o qual já falamos aqui: o nazismo. Neste caso, cada Espírito humanizado e encarnado que passou por atrocidades durante o nazismo ou que desencarnou em campos de concentração, não necessariamente, estava em expiação. Com frequência lemos em algum livro que as vítimas do nazismo fizeram alguma coisa antes para merecerem passar por aquilo. Em alguns casos, esse pensamento está correto, pois ainda se faz necessária a lei mosaica do "olho por olho, dente por dente". Mas a encarnação também é feita por provas e por missões.

Muitos Espíritos experienciaram o nazismo em função das provas escolhidas antes de encarnar, e alguns estavam naquele contexto porque eram missionários. Citamos aqui no livro um caso: aquele que encarnou para viver o ego de Viktor Frankl. Ele não precisava viver em quatro campos de concentração por expiação. Também não tinha escolhido provas relacionadas com aquele contexto de tortura e dor, tanto física quando moral. Ele foi um Espírito convidado a viver naquele cenário de loucura, mas, como já se sabia que conseguiria passar por tudo aquilo, ele seria, posteriormente, um exemplo de superação. Em suma, nem todos os que viraram cinzas nos fornos nazistas, necessariamente, fizeram o mesmo com outras pessoas e, por isso, precisavam vivenciar a lei mosaica para aprender o valor do amor universal.

Outra questão importante para apresentarmos aqui é sobre a concepção das filosofias orientais, que costumam ensinar que o Espírito é puro e perfeito, e isso parece entrar em contradição com o Espiritismo, que ensina que o Espírito é criado simples e ignorante e vai evoluindo ao longo das encarnações. Mas não há contradição, uma vez que ser simples e ignorante significa que o Espírito foi criado sem sabedoria e sem experiência de vida. Porém, ele é puro e perfeito porque o Espírito possui os seus próprios atributos. Estes não se originam de fora para dentro. É como a árvore que já está contida dentro de uma semente.

Enfim, todos os Espíritos já são criados com esses atributos, por isso o Espírito é imagem e semelhança de Deus. E por que o Espiritismo ensina que a única fatalidade é que todos os Espíritos serão felizes? Isso é possível porque só nos tornamos aquilo que já se é. Ou seja, só podemos afirmar que todos serão felizes porque a felicidade já está dentro de cada um. Só podemos dizer que todos serão amorosos porque o amor já está dentro de cada um. Se a felicidade ou o amor tivessem de vir de fora do Espírito, não seria possível a afirmação acima.

A felicidade, o amor, a paz interior, dentre outros, são atributos do Espírito. Eles podem estar adormecidos e precisam ser despertados ao longo da encarnação. Despertá-los é o objetivo da metanoia e, quando isso acontece, passamos a viver com habilidade espiritual nossa vida cotidiana. Essa habilidade aumenta com as encarnações porque o Espírito adquire mais experiência de vida e sabedoria.

Quando o Espírito solicita uma prova e não passa, ou seja, não viveu com habilidade espiritual, mas através dos atributos do ego, uma determinada situação, ele se prepara e volta novamente dali a algumas décadas. Depois de várias tentativas, aquela provação será facilmente superada. A experiência acumulada ao longo das encarnações ajuda a passar por situações que podem ser muito dolorosas para um Espírito não tão experiente.

Porém, em termos de Luz, ambos são iguais. Tanto o Espírito mais experiente como o menos experiente possuem a mesma luminosidade. É por isso que os Espíritos que atuam nas Linhas Orientais raramente usam os termos "inferior" e "superior" para se referir ao Espírito. Há, como podemos inferir, Espíritos mais presos ao ego e aqueles menos presos ao ego. Mas a relação entre todos os Espíritos será sempre horizontal.

Em resumo, quando falamos que o Espírito é criado puro e perfeito é no sentido de que ele já foi criado amoroso, feliz, pacífico, equânime. Mas esses atributos ficam adormecidos durante a encarnação do Espírito, na fase humanizada, justamente para que o jogo cooperativo chamado Encarnação possa acontecer. Enquanto o ego falar mais alto, esses atributos ficarão adormecidos. O objetivo da encarnação, portanto, é despertá-los. Após a morte, eles serão naturalmente despertados, mas aí é como ultrapassar o outro carro após cruzar a linha de chegada. Não se marcam mais pontos.

Podemos dizer que vence a encarnação quem despertar esses atributos ainda na carne. No mundo espiritual isto irá acontecer de qualquer jeito, pois é um processo necessário para se recuperar a consciência espiritual, avaliar aquela encarnação e poder planejar a seguinte. Por isso, ao longo das encarnações, o Espírito adquire experiência e sabedoria de vida para vencer o ego. Esse é o único objetivo da fase humanizada do Espírito: vencer o ego.

Esse processo, em média, dura cerca de sete mil anos. Alguns Espíritos precisam de mais tempo, outros de menos. Mas sete mil anos é a média de duração da fase humanizada do Espírito. E nesse tempo são possíveis muitas encarnações, vivenciando diferentes vicissitudes, tanto em corpos masculinos quanto femininos, em um ou outro continente, e nas mais diferentes culturas e etnias existentes na Terra.

Transmitir esses ensinamentos, da forma acima ou de forma similar, é o papel das Linhas Orientais. Estimular a "reforma íntima" é o objetivo dos Espíritos que atuam nas Linhas Orientais, seja na Umbanda ou em outros trabalhos, como, por exemplo, na Apometria.

É importante saber que é possível curar toda e qualquer enfermidade física. O que não existe é autorização para realizar esse processo. Por exemplo, limpar o pulmão de um Espírito humanizado e encarnado que fumou por décadas é muito fácil para nós. Mas, se fizermos isso, será que ele aprenderá que fumar faz mal? Muitas vezes é pela dor que se aprende e que se muda uma atitude diante da vida.

Assim, mesmo sabendo curar as enfermidades que assolam a vida humanizada e encarnada do Espírito, é necessário avaliar o "livro da vida" de cada um. Nos atendimentos de socorro ou de cura só será realizado aquilo que for permitido. Às vezes pode ser aliviar uma dor ou mesmo fazer a cura realmente, sumindo com determinadas enfermidades no corpo físico.

Eu sei que não é a melhor palavra, mas todo tratamento espiritual é realizado em função do "merecimento" do consulente. Esse processo não está relacionado com valores a serem pagos. Pagar por um tratamento espiritual não quer dizer que se adquiriu "merecimento" para se ter uma cura, mas mudar de atitude diante de uma situação pode gerar "merecimento".

As enfermidades começam na mente, através de pensamentos ou sentimentos não harmônicos. Estes geram energias deletérias no perispírito e, se não forem transmutadas, vão chegar ao corpo físico e virar uma "doença". Os tratamentos espirituais realizados pelas mais diferentes linhas de trabalho mediúnico agem limpando o perispírito para que a energia saudável "desça", em seguida, para o corpo físico. Só não é possível, pelo menos não ainda, recriar órgãos, como braços ou pernas, com cirurgias espirituais.

Eu enfatizei o processo animagógico do despertar espiritual, mas, além dele, os Espíritos da Linha do Oriente vão se utilizar das terapias complementares e também corpóreas, como Tai Chi e Yoga, assim como da meditação. Normalmente, esses Espíritos estimulam os médiuns a praticarem-nas, não vendo obstáculos ou conflitos energéticos entre, por exemplo, o Yoga e a Mediunidade.

Os locais que trabalham com esses Espíritos, com frequência, são estimulados a terem belos jardins, hortas orgânicas e espaços para danças circulares, por exemplo. Por desconhecer tais procedimentos, é comum alguém dizer que o correto é trabalhar apenas com passes e água fluidificada nos atendimentos mediúnicos. Mas as Linhas Orientais usam também a acupuntura, os florais, os cristais, os chás e até mesmo energias desconhecidas aqui na Terra, dependendo sempre do merecimento de cada consulente.

Na Apometria e também nas técnicas de Regressão de Memória, os Espíritos que formam a Linha do Oriente atuam em peso, pois são trabalhos que valorizam a força mental e o equilíbrio, conduzindo as ondas mentais de forma harmoniosa e criativa.

Agora, finalmente, vou falar da postura simbólica como Cigana Esmeralda. Muita gente vai ficar indignada por falar sobre isso só agora, no final do livro. Mas foi essa a intenção. Essa é uma postura simbólica muito importante, mas é uma postura simbólica dentre tantas outras.

O importante não é cultuar o Espírito, mas desmistificar. Ao aceitar trabalhar na falange Cigana Esmeralda do Oriente, tive de passar por uma preparação, para entender tanto os objetivos e os rituais da Umbanda como o trabalho que seria realizado com os consulentes.

Alguns elementos da minha experiência de vida me capacitavam a atuar com esse grupo de Espíritos: minha experiência com a sexualidade, minha experiência no campo da alimentação saudável e também a caridade voltada para o campo da saúde inclusiva, sem menosprezar ninguém. Esses três elementos foram importantes para eu ser aceita e ingressar no trabalho de Umbanda.

O trabalho que realizei junto com a minha equipe, seja aconselhando os consulentes ou irradiando energias, buscava valorizar a sexualidade como fundamental para a vida do Espírito humanizado e encarnado. Nosso foco era valorizar a liberdade sexual, a liberdade para viver sua orientação sexual de forma natural, saudável e não reprimida.

Independente da tendência sexual adotada, o Espírito humanizado e encarnado precisa ter seus direitos reconhecidos. A discriminação social, pelo fato de se ter uma orientação sexual que não se encaixa nos padrões preestabelecidos, precisa ser superada. E não importa se estamos vivenciando um ego homossexual, bissexual, intersexual, agênero, assexual ou outro qualquer. O respeito, acima de tudo, tem de ser a base para se construir um mundo novo, regenerado e solidário, capaz de aceitar o livre exercício da sexualidade.

Sempre salientávamos que o problema seria a promiscuidade, que, do ponto de vista espiritual, seriam as práticas realizadas sem consentimento ou que fere o outro, física ou moralmente. O tema que sempre aparecia era o da masturbação. Esta também era tratada com naturalidade, mas enfatizávamos que, apesar de ser um ato prazeroso, o ideal seria se fosse praticado pelo casal e não enquanto uma ação solitária. Neste caso, apesar do prazer alcançado, sempre costuma ficar uma sensação de vazio ou de incompletude, pois não há a troca com o parceiro ou parceira.

Muitas vezes, para tentar acabar com esse vazio, a pessoa se masturba várias vezes seguidas. Em vez da plenitude, o que sente é apenas um esgotamento energético, e dorme pesadamente para repor a energia desperdiçada.

Alcançar o orgasmo é importante, mas, quando há a energia de troca entre duas pessoas, há uma sensação de plenitude que é maravilhosa. Mesmo que as pernas fiquem bambas, que haja um certo cansaço, aquela agradável sensação de se sentir plena e completa não tem preço. Como muitas pessoas só alcançam o orgasmo através da masturbação, quando ela é realizada com o parceiro, esta plenitude também é obtida.

Um dos motivos do cansaço após a masturbação solitária é que não há a troca de que falamos acima, mas ela costuma envolver outras pessoas, pelo menos mentalmente. Seria uma via de mão única, daí o esgotamento energético.

Por que isso acontece? A maioria das pessoas, quando se masturba solitariamente, cria formações mentais, idealizando pessoas ou astros do cinema ou da TV. Essa prática acaba sendo uma forma de magia, pois a energia sexual é encaminhada para a pessoa que foi alvo daquele pensamento. Em alguns casos, não deixa de ser uma forma de obsessão ou também de vampirismo.

Há pessoas que gostam de sugar essa energia, outras não querem fazer isso, mas correm esse risco ao se exporem em fotos sensuais em redes sociais. Agindo assim, podem receber essas vibrações vindas de diferentes lugares. Os riscos dependem sempre da intenção, e a sensação de vazio pode aumentar logo depois da exposição, deixando a pessoa para baixo e necessitando sempre mais dessa energia vinda das pessoas que se masturbam pensando nelas.

Por isso, é mais saudável quando existe uma troca de energia entre parceiros. Além da satisfação sexual, do orgasmo que possibilita uma descarga de hormônios positivos para o corpo e para a mente, a troca energética realizada entre as pessoas envolvidas favorece, ao contrário da prática solitária, a sensação de plenitude. A pessoa se sente leve, serena, realizada. Essa sensação pode durar dias. Estar junto da pessoa amada favorece uma vida sexual ativa, plena e feliz, o que raramente se obtém com a masturbação solitária.

Estamos chegando aos finalmentes. Depois de tantas preliminares, não falei ainda dos triângulos dourados presentes na barra de minha saia ou em outras partes, compondo com o verde-esmeralda um arranjo bonito e harmonioso.

Para quem não sabe, durante o nazismo, as pessoas eram marcadas por triângulos de várias cores. Cada grupo tinha o seu próprio triângulo. No caso dos ciganos, este era na cor marrom.

Foram centenas de milhares de ciganos mortos pela perseguição nazista e, como uma homenagem a todos eles, plasmei nas minhas saias esses triângulos dourados. Alguns videntes conseguiram ver e acharam que se tratava apenas de enfeite.

O plano espiritual raramente faz algo sem utilidade ou sem um significado. Os símbolos são muito usados por representarem uma comunicação direta. Tenho uma gratidão enorme pelos ciganos e, como acabei atuando na Umbanda usando a postura simbólica de Cigana Esmeralda do Oriente, quis prestar uma homenagem a esse grupo colocando o triângulo. Mas, em vez do marrom utilizado pelos nazistas para marcá-los, optei pelo dourado.

Para quem ficou curioso em saber se o Dr. Felipe e o holandês fujão, que me abandonou em Marselha, são personalidades vividas pelo mesmo Espírito, posso dizer que sim. Do lado de cá, eu sabia que seria abandonada e morreria sozinha. Fazia parte da minha expiação pelo número de casais que separei, mulheres que seduzi e abandonei na vida em que destruí o meu perispírito. Sabendo que eu tinha de passar por isso, pedi que um Espírito pelo qual eu tivesse grande admiração, e que fosse um grande amigo, se tornasse o instrumento dessa ação carmática. E meu pedido foi aceito.

Em suma, ele fez aquilo pelo qual eu precisava passar. Por isso, sou muito grata a esse companheiro que conheço há muito tempo, quando ainda éramos flores e nem sonhávamos com a fase humanizada do Espírito e nem que seria possível, um dia, virarmos anjos.

Nessa longa cadeia evolutiva criada pela providência divina, somos todos irmãos espirituais, mas formamos também famílias que acabam evoluindo juntas, passando pelas vicissitudes da vida com mais aderência ou não ao ego, mas sempre em busca do mesmo objetivo.

Comemorando minha ascensão, o que também é um gesto de caridade, pois abrimos espaço para que outro Espírito possa começar sua jornada na fase humanizada do Espírito, encerro este livro com um poema:

EXCLAMEM SORRISO

Abra-me a boca o riso,
gargalhe até virar palavra,
verter dos olhos lágrima
de tanto sabor do gargalhar.

Enquanto sorrir me bata o vento,
da língua pule a saliva,
a alegria escorra entre os dentes,
que meu poema chore de tão contente.

Gargalhe-me sorrisos puros,
sorriam palavras verdadeiras,
deixe derramar-se por inteira,
escorrer pela ladeira o libertar do sorrir.

Abram as portas, porões,
libertem os sorrisos guardados,
desfaçam malas de mágoas,
sorriam, gargalhem, exclamem no sorriso liberdade.

Liberta-me o sorriso!